Gérard Vives

Photographies de John Bentham

POIVRES

ROUERGUE

PRÉFACE

Lorsque j'étais petit garçon, nous allions souvent passer le week-end chez ma grand-mère en Normandie. Le dimanche matin, tandis que la pieuse femme se préparait pour la messe, mon père dont la seule religion était la bonne cuisine, se faisait préparer deux œufs au plat venus de la ferme voisine. On les lui apportait au lit, tout luisants de beurre, fermier lui aussi. Il me laissait alors m'approcher du plateau et tremper un petit morceau de pain dans le jaune orangé si épais. Quel délice ! J'en ai encore le goût sur la langue des décennies plus tard. Mais cette saveur bénie, je l'ai perdue. Lorsque, jeune adulte, je fus en âge à mon tour de me préparer les œufs dominicaux, elle s'était comme évanouie. Quelle déception en m'apercevant que je ne retrouvais pas le goût des œufs au plat de mon enfance. J'avais beau rapporter les œufs de la campagne, utiliser du beurre cru, dorer les œufs comme il fallait, je ne retrouvais pas Le goût. C'est que ma mémoire enfantine avait occulté un petit geste que la bonne cuisinière de la maison accomplissait sans cérémonie, sans en faire tout un plat. Rien de très exceptionnel : au moment de servir, elle donnait deux tours de moulin à poivre blanc. Une mouture fine dont la couleur se confondait si bien avec celle, crémeuse, des œufs de la ferme, que mon œil d'enfant l'avait occultée. Vous l'avez compris, ce goût gravé en moi n'était ni celui du jaune d'œuf, ni celui du beurre, mais les deux ensemble sublimés par un troisième : le poivre du moulin que j'ai fini par retrouver. Il ne m'a dès lors plus jamais quitté.

Depuis j'ai souvent constaté que si la vie ne manque pas de sel, pour beaucoup de mes contemporains en revanche elle manque sacrément de poivre ! Je devrais dire de bon, de vrai, de beau poivre. Car le poivre est une épice que j'aime tant que je n'ai pas le cœur de baptiser ainsi les affreuses poudres grisâtres et autres moutures anonymes, de si petite extraction.
Le poivre est trop noble, riche et parfumé pour se confondre avec ces médiocres succédanés. Je suis d'ailleurs bien triste de devoir chaque fois, dans mes recettes, préciser « poivre du moulin » comme s'il en existait d'autres pour moi. Le poivre vendu moulu n'est à mes yeux que de la poudre aux yeux. « Poivre moulu, poivre foutu », dit ma femme... à très court terme certainement car son parfum est éphémère. Qu'il soit blanc, noir ou... gris (et c'est encore pis), le poivre que l'on achète moulu ne mérite pas de s'appeler poivre !
Nous connaissons tous ces tristes amas grisâtres qui s'éventent tristement à côté du sel figé et de la moutarde séchée, dans des poivriers de pacotille en verre mécanique. Leurs têtes de bakélite à moitié bouchées crachotent péniblement cette poudre essoufflée, qui garde un peu de piquant et plus aucun arôme. Une pulvérulente raclure qui saupoudre sans espoir la cuisine formatée des rois de l'assemblage. La mouture infâme et brûlante issue de mauvaises plantations, cédée à vil prix à des gringos avides d'affaires faciles qui vendront demain de la lessive ou des fringues. Du résidu de grains cassés, maltraités, dénaturés, que l'on imagine traîner au fond de sacs de jute suintants et puants, sur les quais mazoutés de quelque port malais ou malabar. Règle absolue : ne faisons jamais confiance à

COUVERTURE : KAPPAD, POIVRE NOIR D'EXCEPTION (INDE)
PAGE 1 : POIVRES NOIRS ET ROUGES
PAGE 2 : CUBÈBE OU POIVRE À QUEUE (INDONÉSIE)
PAGE 4 : SARAWAK, POIVRE NOIR (MALAISIE)
PAGE 5 : KAMPOT, POIVRE BLANC DU CAMBODGE

des poivres que nous ne moulons pas nous-mêmes. Il est trop facile de les mélanger à n'importe quoi dans le but de gagner du poids. Dans ce principe simple réside le début d'une histoire d'amour réussie avec cette épice miraculeuse. Car je vous le disais, c'est bien d'amour qu'il s'agit dans le mariage chaque jour célébré entre ce grain tout en promesses contenues, et les plus beaux mets de notre glorieuse cuisine.

S'il est vrai que l'on se souvient toujours de la première rencontre avec l'être cher, mes retrouvailles avec le vrai poivre furent plus bouleversantes encore. Elles eurent lieu lors d'une conférence de Gérard Vives, l'auteur de ce livre. Il ne parlait pas du poivre, il le vivait avec tant de conviction, d'intimité et de sincérité qu'il m'a donné envie de m'enivrer immédiatement à mon tour. Écouter Gérard conter le poivre, c'est prendre le risque d'être touché par la grâce des épices, comme je le fus moi-même. Je me suis même demandé comment, au cours des âges, le terme d'épicier avait pu se dégrader au point de devenir une injure. Lorsque des hommes comme lui, partis sur les traces des plus grands aventuriers bataves et lusitaniens qui fendirent les mers à la recherche du mystère des arômes, portent si haut la profession d'épicier, alors loin du quolibet ce nom devient un titre de noblesse.

Pas de doute Gérard Vives est un grand épicier ! Le roi des épiciers qui entre chez vous comme un oncle d'Amérique, les poches toujours pleines de mille trésors odorants, flottants dans son sillage comme dans les pages qui suivent. Je suis fier de me compter au nombre de ses disciples du vrai poivre, car c'est lui qui me l'a révélé et a fait de moi un « pepper addict », un « accro au poivre ». Inutile d'imaginer pour moi une cuisine totalement privée de ce parfum. Nuls piments, fussent-ils d'Espelette, ne peuvent pour moi le remplacer. Sans mes grains, je me sens incomplet. Voilà pourquoi, où que j'aille, je transporte un moulin à poivre dans ma besace. Mon luxe, c'est ce moulin en métal que j'ai dû sortir devant les yeux incrédules de dizaines de personnels de sécurité dans les sas aéroportuaires. Je le conserve comme un petit trésor. Il est toujours plein d'un Sarawak « creamy white – Grade 5 », un grand cru de poivre blanc rapporté par Gérard, dont je ne me lasse pas au fil des années et qui améliore souvent l'ordinaire trop ordinaire.

Je vous souhaite sincèrement de rencontrer vous aussi le poivre qui vous fera rêver. Un poivre chaleureux sans être brûlant, piquant mais pas fort, boisé sans être ligneux, généreux, fruité, suave, résineux, animal, rond, ample, plein,... celui qui changera à jamais votre vie gustative. Car je vous le redis, je suis amoureux de mon poivre, et c'est à Gérard Vives que je le dois. Comme moi j'espère que vous trouverez votre bonheur, car plus encore qu'un épicier il est un marieur qui trouvera pour vous cette âme sœur, votre amour de poivre, ce petit grain de folie qui fait tourner les têtes et le moulin.

VINCENT FERNIOT

PETITE ENCYCLOPÉDIE DU POIVRE

CI-CONTRE : VOATSIPERIFERY, POIVRE SAUVAGE
(MADAGASCAR)

CÔTÉ CUISINE

LES POIVRES

LES FAUX POIVRES

« Elle est grande, mais c'est une courge ;
il est petit, mais c'est du poivre. »

Proverbe coréen

PETITE ENCYCLOPÉDIE DU POIVRE

LE POIVRE, ROI DES ÉPICES

Le poivre est une épice.

Le mot magique est prononcé, évocateur d'horizons lointains, d'îles exotiques, de voyages et d'aventures. Pendant longtemps, les épices furent chargées de connotations mystérieuses, accompagnées d'un cortège de légendes, de secrets bien entretenus additionnés d'un évident manque de connaissances. On leur attribua des origines paradisiaques, et dans l'Antiquité, pour les Occidentaux, le paradis se situait tout naturellement à l'est, vers la Mésopotamie.
Le poivre est connu et utilisé pour de multiples usages, sans discontinuité, depuis l'Antiquité.
La découverte des voies maritimes conduisant à la source entraînera la vulgarisation des épices et, ultérieurement, leur quasi-désaffection des cuisines, le poivre seul y demeurant omniprésent, fidèle compagnon du sel.
Si le cuisinier hésite à utiliser cardamome, curcuma ou gingembre, épices méconnues, de peur de dénaturer son plat, il emploie sans crainte le poivre. Mais si ce dernier semble être l'épice universelle, utilisée sur toute la planète, est-il pour autant bien connu ?
Pour ma part, j'en doute, et reste persuadé que la plupart des utilisateurs, y compris de nombreux chefs de cuisine, ignorent tout ou presque de ce produit et qu'il est grand temps de combler cette lacune, avec la lecture de cet ouvrage. Vous allez donc devenir de véritables spécialistes du *Piper nigrum* et, j'espère, d'ardents défenseurs de ce magnifique produit végétal.
Le poivre a longtemps été « un signe extérieur de richesse », mais aujourd'hui il n'est pas très cher et est consommé en petites quantités. N'hésitez pas à en acheter plusieurs, de différentes variétés et origines et surtout de la meilleure qualité, pour varier vos plaisirs.

C'est une merveilleuse invitation au voyage qui vous est offerte.

CI-CONTRE : **GRAPPE DE POIVRE**

AU NOM DU POIVRE

Ce n'est pas, comme certains peuvent le penser, l'agronome Pierre Poivre (1719-1786) qui a légué son patronyme à cette épice. Certes, il a joué un rôle dans la longue histoire des épices, mais l'origine de ce mot est beaucoup plus ancienne. Ce n'est peut-être pas non plus le poivre noir *(Piper nigrum)* qui aurait légué le sien. En sanskrit, poivre noir se dit : *maricham* ou *krishnan*, alors que le mot poivre que nous utilisons vient de *pipalli*, mot malabar emprunté par le sanskrit, désignant un poivre long. S'agissait-il de *Piper longum* ou de la grappe de *Piper nigrum* ?

Le terme *pipalli* s'est transformé, vers le IVe siècle avant J.-C., en *piper* (qui signifie piquant) chez les Latins et en *peperi* chez les Grecs.

À partir du XIIe siècle, en France, apparaissent *peivre*, *peivers* et *peivere* (employés par le poète Rutebeuf), proches de la forme actuelle poivre qui apparaît au XIIIe siècle.
Le même mot a donné *pepe* en italien, *pepper* en anglais et *pfeffer* en allemand.

Des mots dérivés du vocable poivre apparaîtront par la suite :

POIVRIER : apparaît au XIIIe siècle, vient du latin *Pevrer*.

POIVRIER : marchand de poivre, XIIIe siècle.

POIVRADE : sauce poivrée, apparaît en 1505.

POIVRIÈRE : moulin à poivre de table, vers 1718.

POIVRIÈRE : terme de fortification, vers 1842.

POIVRON : 1785.

POIVROT : 1867.

DÉFINITIONS

Définitions tirées du dictionnaire Littré

Épice : toute drogue aromatique ou piquante dont on se sert pour l'assaisonnement. Le poivre est une épice.

Condiment : terme d'hygiène et de cuisine. Substance d'une saveur prononcée que l'on mêle aux aliments.

Aromate : toute substance qui, provenant du règne végétal, exhale une odeur pénétrante et agréable.

Poivre : fruit de diverses plantes du genre *Piper,* qui croissent dans les pays chauds et surtout dans les Indes orientales. Le fruit sert d'épice. Il doit la saveur qui lui est propre à une huile concrète peu volatile.

Définitions tirées du dictionnaire encyclopédique Quillet

Épice : toute substance aromatique ou piquante servant à assaisonner un mets.

Condiment : substance que l'on ajoute aux aliments pour les assaisonner, en relever le goût.

Aromate : toute substance répandant une odeur plus ou moins suave. Les aromates se tirent pour la plupart du règne végétal.

Poivre : fruit du poivrier. Condiment fait avec ce fruit pulvérisé.

Définitions tirées du dictionnaire encyclopédique Larousse

Épice : substance aromatique et végétale servant à l'assaisonnement des mets.

Condiment : substance (sel) ou préparation (moutarde, pickles) ajoutée aux aliments cuits ou crus pour en relever la saveur.

Aromate : substance parfumée d'origine végétale.

Poivre : fruit du poivrier, petite baie d'une saveur piquante et aromatique, très utilisé en cuisine comme condiment.

Fort de l'enseignement que l'on peut tirer de ces chefs-d'œuvre de précision, il faut donc considérer que le poivre est une épice, un condiment et un aromate. Pour faciliter les choses nous continuerons, selon l'usage, de l'appeler épice… et même roi des épices.

HISTOIRE MOUVEMENTÉE, ROMANESQUE ET SOUVENT DRAMATIQUE DE LA RECHERCHE DU ROI DES ÉPICES

L'histoire des épices est parfois un peu floue. Compte tenu de leur rareté et de leur grande valeur, leur provenance était souvent cachée et le mystère soigneusement entretenu. Je vous propose quelques repères historiques sous forme chronologique.

-3000 AVANT J.-C. JUSQU'À -300

Les Phéniciens installés au Moyen-Orient (actuellement Liban, Palestine, Syrie, Israël), sont des marins téméraires et d'habiles commerçants. Dès -3000 avant J.-C., ils fondent de prospères comptoirs et colonies en Crête et en Sicile, à Chypre, Malte, Carthage et Cadix. Leurs ressources proviennent principalement de la vente des épices venues d'Inde et de Chine. Alexandre le Grand mettra un terme à ce monopole, en conquérant la Phénicie.

-854

Les Arabes sont les maîtres incontestés de ce commerce dangereux mais très lucratif. Les caravanes partent du Turkestan (en Chine), traversent le Pamir, le Turkménistan, pour atteindre l'Iran actuel, Hamadhan, Hiérapolis et finir à Antioche, carrefour commercial de l'Orient hellénistique. Cette route baptisée Route de la soie, longue d'environ cinq mille kilomètres, sera un véritable lien entre Orient et Occident et le moyen d'échange entre deux civilisations, non seulement de marchandises, mais aussi d'idées, d'influences artistiques, culturelles et religieuses.

-356-323

L'empire d'Alexandre le Grand (qui passa sa courte vie à rêver de conquérir l'Asie et ses richesses) s'étend sur un territoire qui ira jusqu'à l'Indus. Alexandrie est le lieu d'échange entre fournisseurs arabes et acheteurs européens. Les principaux marchés aux épices sont alors Nineveh, ville d'Assyrie à l'emplacement de l'actuelle Mossoul en Iraq, Babylone, Carthage et Rome. Des caravanes de chameaux, atteignant parfois quatre mille bêtes, traversent la Perse et la Mésopotamie et rapportent de Goa ou de Calicut les chères épices, pour en faire commerce dans des villes aux noms aujourd'hui évocateurs : Trébizonde, Alep, Samarcande, Palmyre...

En parallèle à ces routes terrestres, les voies maritimes, déjà partiellement tracées par les Égyptiens de l'époque des pharaons, se développent. Des bateaux profitant des vents favorables de la mousson, traversent la mer Rouge et l'océan Indien, rallient l'Inde, la Chine et Java pour en rapporter de précieuses cargaisons et, en particulier, les épices nécessaires à l'embaumement des hauts dignitaires de la cour.

Par la suite, les Vénitiens détiendront le monopole de la distribution en Europe, mais la Sérénissime rêve de connaître les lieux d'approvisionnement et engendre de nombreux aventuriers.

1254-1324

Le plus illustre des aventuriers vénitiens est Marco Polo, qui séjourne dix-sept ans en Chine au service du Qubilai Khan à la cour de Pékin, et qui nous laissera un merveilleux témoignage, le *Devisement du monde*, plus connu sous le nom de *Livre des merveilles*, rapportant de précieux renseignements sur ces mystérieuses épices.

1318-1330

Odoric de Pordenone également appelé Odoric de Frioul, frère franciscain d'origine probablement tchèque, est désigné pour remplir des missions dans les pays de l'Orient. Il quitte Padoue en 1318, se rend à Constantinople, puis à Trébizonde, Erzeroum, traverse la Perse, parvient aux Indes, parcourt la côte de Malabar où il s'intéresse à la culture du poivre. Il poursuit son voyage pendant des années, et rentre à Padoue en 1330, où il commence à dicter le récit, extrêmement précis, de son long périple, qui restera méconnu, certainement occulté par celui de son prédécesseur Marco Polo.

XIVᴱ ET XVᴱ SIÈCLES

Au milieu du XVᵉ siècle, la chute de Constantinople et de l'Empire byzantin, remplacé par l'Empire ottoman, entraîne la rupture des relations commerciales avec l'Asie.

Les navires chinois et malais partent d'Indonésie, se dirigent vers Ceylan et Calicut pour être chargés d'épices revendues à des commerçants venus de Perse et d'Égypte. Celles-ci sont ensuite acheminées en Syrie et à Alexandrie via la mer Rouge, où les Vénitiens prennent le relais pour les distribuer en Europe, Sicile, Espagne et Portugal, en traversant la Méditerranée, et en Angleterre et en Belgique, par l'océan Atlantique et la Manche.

Les grandes puissances se lancent toutes dans la course aux épices avec plus ou moins de réussite. Le Portugais Henri le Navigateur (1394-1460) organise la reconquête des colonies africaines perdues. En 1415, il combat les musulmans à Ceuta, au Maroc, et il ouvre la voie aux explorateurs de la première route maritime occidentale des épices, alors que les marins de Dieppe l'ont découverte bien avant, en 1365, et ce, sans faire de bruit, faisant vaciller le monopole des pays du Moyen-Orient. L'enjeu est tel que, Manuel Ier, roi du Portugal (1495-1521), promet la mort à quiconque dévoilera l'origine de la chère épice.

1487

Bartoloméu Diaz atteint la côte orientale de l'Afrique, en franchissant le cap de Bonne-Espérance. L'explorateur portugais Pêro da Covilhã, parti vers l'Inde par la route orientale, imagine rallier les côtes indiennes par le cap de Bonne-Espérance. C'est Vasco de Gama qui recueillera toute la gloire en réalisant l'exploit dix ans plus tard.

1492

Le Génois Christophe Colomb (1451-1506), promu amiral et gouverneur « des terres à découvrir » par la reine Isabelle de Castille, part à la conquête des Indes orientales et de la Chine. En traversant l'Atlantique nord, il « découvre » par hasard l'Amérique (bien que des fouilles attestent de la présence des Vikings sur Terre-Neuve et au Labrador, dès l'an mille). Il baptisera cette terre San Salvador. Puis, il accostera aux îles Bahamas, à Cuba et Saint-Domingue (Hispaniola) où il découvre le piment, qu'il baptise du même nom que le poivre à une lettre près (Pimienta-Pimiento). De cette expédition, il ne rapportera pas d'épices mais des « Indiens » ! À sa deuxième traversée, il découvre les petites Antilles, puis Trinidad, la Martinique et les îles Caïman, avant de se rendre en Amérique centrale et à Panama. Il meurt en 1506, persuadé d'avoir découvert la route des Indes. C'est son successeur italien, Amerigo Vespucci, qui léguera son nom au continent américain.

1498

Vasco de Gama (1469-1524), débarque sur la plage de Kappad près de Calicut en s'écriant « Pour le Christ, pour les épices ! »

1502

Vasco de Gama retourne en Inde avec la ferme intention d'imposer par la force la présence portugaise sur la côte du poivre. Il s'installe à Calicut et ouvre la première factorerie à Cochin.

KAPPAD BEACH

1503

Le poivre coûte cinq fois moins cher à Lisbonne qu'à Venise. La puissance commerciale de Venise et celle de l'Égypte vacillent.

1519

Hernán Cortés (1485-1547) découvre sur le continent américain, chez les Aztèques, la vanille et le « poivre » de la Jamaïque.

Fernão de Magalhães (Magellan) (1480-1521), en disgrâce dans son pays, le Portugal, appareille le 20 septembre avec cinq vaisseaux espagnols, son but étant d'atteindre « l'archipel des épices », les Moluques, par l'ouest, la voie orientale étant fermée par les Portugais. Il découvre le détroit qui portera son nom, et réussit à rallier les Philippines où il sera tué. Un seul navire, les cales chargées de précieuses denrées, reviendra en Espagne avec dix-huit survivants. Le premier tour du monde en bateau est accompli.

XVIE SIÈCLE

Les flottes hollandaises, françaises, anglaises, génoises et vénitiennes combattent pour la suprématie du marché des épices. Pirates et corsaires convoitent ces précieux chargements. On n'hésite pas à dérober les plants et à détruire les plantations des concurrents. Le corsaire anglais Francis Drake, empruntant la route tracée par Magellan, atteint les Moluques, s'empare de la cargaison d'un convoi espagnol et devient ainsi le premier citoyen anglais capable de mettre les Espagnols en difficulté dans la course aux épices.

1580

L'Espagne et le Portugal s'unissent pour s'emparer de ce marché et dissipent pour un temps les rêves britanniques.

1595

Les Hollandais s'engagent dans la course et fondent la Compagnie des pays lointains. L'explorateur Cornelis Van Houtman (1565-1599) né à Gouda organise une première expédition et revient avec une cargaison de poivre de Java, mais il sera tué à sa deuxième expédition. Jacob Van Neck prend sa succession et revient au pays avec trois mille tonnes de poivre. La première compagnie sera remplacée par la Compagnie unifiée des Indes orientales, qui deviendra extrêmement puissante, et détiendra le monopole des épices en Inde et en Insulinde.

1599

Cinq malheureux petits shillings vont changer l'histoire de l'Inde. C'est en effet le montant de l'augmentation appliquée par les marchands hollandais pour une livre de poivre qui va décider vingt-cinq commerçants britanniques à réagir à cette provocation. En réponse, ils créent la Compagnie anglaise des Indes orientales (East India Trading Company) qui voit le jour le 24 septembre. À cette époque, aucune nation ne pense encore à la conquête des régions de production, se contentant d'un commerce très lucratif. Cette modeste maison de commerce se transforme en quelques décennies en un gigantesque empire, qui commercera également le thé et l'opium avec la Chine.

1619

Après avoir tenté de s'emparer des comptoirs lusitaniens, les Hollandais décident d'installer un comptoir à Batavia (Jakarta) qui devient la capitale du commerce du poivre. À cette date, Lisbonne est encore le plus grand marché européen des épices, quand Amsterdam est la capitale du poivre. Les Portugais, religieusement intolérants, sont des colonisateurs cruels : ils méprisent les populations indigènes et les traitent en esclaves. De graves difficultés politiques et économiques ainsi que la pression des Hollandais ébranlent peu à peu leur monopole.

1641

Avec la conquête de Malacca, les Hollandais contrôlent la péninsule malaise et Sumatra.

JEW TOWN EST LE QUARTIER JUIF DE COCHIN DÉDIÉ AU COMMERCE DES ÉPICES

1650

Les Hollandais monopolisent la production de cannelle à Ceylan.

1663

Les Hollandais s'approprient les principaux ports de la côte de Malabar, affirmant ainsi leur suprématie dans le commerce des épices. Ils pratiquent un protectionnisme acharné en limitant l'extension des cultures, n'hésitant pas à détruire des stocks trop importants et à interdire la circulation des semences. Les bûchers, appelés « fêtes de l'incendie des épices », donnent lieu à de spectaculaires festivités.

1664

Colbert fonde la Compagnie française des Indes orientales et installe les comptoirs français de Pondichéry et de Chandernagor, commercialisant du coton, de la soie, du riz et du café. Cependant, la France reste encore un acteur mineur dans la course effrénée au commerce avec l'Inde. Il faut attendre les exploits du botaniste Pierre Poivre (1719-1786), au nom étonnamment prédestiné, pour obtenir des plants d'épices français,

À JEW TOWN, DANS COCHIN, RIEN N'A CHANGÉ DEPUIS LE XVIIe SIÈCLE

volés aux Hollandais et rapportés au péril de sa vie. Ils sont plantés dans les îles de France et de Bourbon (aujourd'hui île Maurice et Réunion), sans grand succès puisque le poivre n'y a jamais produit de fruits.

XVIIE SIÈCLE

L'hégémonie des épices dans le commerce européen ainsi que les plantations massives font chuter les cours. À son tour, le quasi-monopole des Hollandais est ébranlé. Les prix baissant, l'usage se vulgarise, le poivre perd son image de produit luxueux, les riches s'en désintéressent et les pauvres le remplacent par la nigelle encore moins chère. S'ensuivent de nombreuses années d'absence sur nos marchés. Seuls le poivre, le girofle et la muscade résistent un peu.

1795

Les Anglais s'emparent de Malacca et, un peu plus tard, de tous les comptoirs hollandais, hormis ceux de Java.

1799

La Compagnie néerlandaise des Indes orientales, appartenant aux Hollandais, est dissoute. Les Anglais ne se contentent plus de la suprématie commerciale, ils s'intéressent au pouvoir et l'on connaît bien la suite de cette histoire qui se terminera en 1947. Jusqu'au XIXe siècle, les Anglais restent les leaders du commerce des épices, et Londres la première place boursière au monde pour ces produits.

XIXE SIÈCLE

Après des siècles de guerre pour le monopole de leur commerce, les épices abondent sur les marchés européens, et leur vulgarisation contribue à une certaine désaffection des consommateurs. Il faut attendre le milieu de ce siècle pour les remettre au goût du jour, grâce à une certaine bourgeoisie avide d'exotisme. De petites affaires se transforment en épiceries de luxe et proposent des épices. C'est le cas en Angleterre de Fortnum & Mason, maison créée en 1707, et ultérieurement de Harrods, créé en 1849, et de Jacob Hooy à Amsterdam.

1850

Création du Comptoir d'épices et des colonies par Ferdinand Hédiard.

1886

Ouverture de l'épicerie Auguste Fauchon à Paris.

XXE SIÈCLE À AUJOURD'HUI

Les expositions universelles et coloniales se succèdent, attisant le désir d'exotisme des Occidentaux en leur faisant découvrir des cuisines lointaines et différentes, mettant en scène les épices dans des restaurants ouverts pour ces occasions, faisant ainsi renaître le goût du public pour ces produits. Des géants tels que Mc Cormick aux États-Unis, Noel's en Angleterre et Daamhouver en Hollande s'emparent de ce marché, emballent les épices en sachets et les distribuent sur tous les marchés occidentaux, faisant pratiquement disparaître la vente en vrac.

Après une période de désintérêt pour les épices, utilisées uniquement par habitude, il semble que l'on soit en train de les redécouvrir, ou de les découvrir tout simplement.

Les grands cuisiniers, en quête permanente de nouvelles saveurs, et soucieux d'élargir leur palette aromatique, maîtrisant par ailleurs parfaitement ce merveilleux apport créatif qu'est le métissage, font la part belle aux épices. La médiatisation de cette profession aidant, le public découvre ainsi de « nouveaux » produits, vieux de quelques millénaires. L'engouement d'antan est en train de renaître, et un bel avenir s'offre donc à ce jeune premier qu'est le poivre.

POURQUOI JE SUIS PARTI SUR LA ROUTE DES ÉPICES...

Les fabuleux récits de Marco Polo, puis ceux des grands aventuriers navigateurs, Vasco de Gama, Magellan, Christophe Colomb ont nourri mes rêves d'enfant et gravé dans mon inconscient le goût pour l'exotisme et le voyage.

Ayant la chance d'être né dans une famille où l'on faisait de la cuisine, et dans laquelle les repas se prenaient autour d'une table, sans télévision, mon palais a été formé avec des produits simples mais goûteux et l'envie de cuisiner m'est venue rapidement. Je me suis tout d'abord contenté de dupliquer ce que j'avais vu dans la cuisine pendant mon enfance. Le « pouvoir » de réaliser un plat et de le partager ne m'a jamais quitté. Il m'a conduit à devenir professionnel en 1982, quittant une activité sans intérêt, mais extrêmement lucrative, pour enfin connaître les soucis liés au métier de restaurateur. Mais j'avais fait un choix de vie, celui de donner du plaisir par mon travail et je ne l'ai jamais regretté. Autodidacte, je me suis nourri de nombreuses et diverses lectures, comprenant rapidement qu'en cuisine la qualité et la rareté des produits sont plus importantes que les techniques sophistiquées.

Je me mis dès lors à collecter des mots que je notais dans un carnet, les noms d'épices rares et les contrées lointaines où elles sont cultivées, rêvant d'y poser les pieds un jour, tout comme, enfant, je collectionnais les timbres dont la provenance m'invitait au voyage : Sumatra, Bornéo, Java, Indochine, Siam... une liste de rêves qui attendaient depuis fort longtemps d'être transformés en aventure.

Lors de mes déplacements en France et dans les pays limitrophes, j'étais toujours à la recherche de l'échoppe rare, espérant y trouver les épices de la qualité convoitée, mais les vrais professionnels dans ce domaine n'étant pas légion sous ces latitudes, la qualité proposée ne me convenait jamais. Las de ne trouver que des épices trop sèches parce que trop vieilles et sans origine stipulée, frustré de ne pouvoir me procurer les Lampung, Muntok, Sarawak, Malabar & Co, en gros grains à belles robes et aux parfums envoûtants, je décidai alors d'aller directement à la source, faire mon marché, dans les pays producteurs.

En 1999, j'ai du temps devant moi et un peu d'argent en poche, je pars donc assouvir mes deux passions, les épices et le voyage, avec une frénétique envie de commencer à barrer des noms sur mon carnet.

Ma première destination est l'Indonésie. Sur place, la tâche se révèle encore plus difficile que je l'imaginais. C'est au bout de quelques semaines, alors que je suis prêt à renoncer et à rentrer bredouille, après un parcours semé d'embûches, de portes obstinément fermées, de refus et d'incompréhensions, que ma ténacité et mon insistance sont enfin récompensées et que le miracle se produit. Je me retrouve sur l'île de Sumatra, dans la région du Lampung, circulant dans une voiture roulant en pleine forêt tropicale, accompagné par le représentant d'une société exportatrice de poivre. Quand le véhicule s'immobilise au bord de la chaussée, après de longues heures de route, je pense qu'il s'agit d'une simple pause pour assouvir des besoins très naturels. Pas du tout. Je suis dans une plantation de poivriers.

Je pensais que les lianes recouvrant les arbres étaient d'exotiques parents du lierre... non, ce sont bien des poivriers et pas n'importe lesquels, ceux qui produisent le somptueux Lampung. Là, devant mes yeux qui devaient ressembler à ceux d'un enfant le matin de Noël au pied du sapin. Je me précipite dans la végétation, oubliant que je suis en short, et mes jambes sont assaillies par des dizaines de moustiques et d'insectes de taille respectable. Mais j'ai attendu cet instant de nombreuses années et fait des milliers de kilomètres pour me trouver là, ce ne sont pas de si petites bêtes qui vont m'arrêter.

Je croque enfin le grain convoité à même la grappe. C'est une merveille de suavité, de fraîcheur et de puissance. Ce grain de poivre deviendra ma madeleine.

Le plus difficile n'est pas encore fait. Il me faut comprendre pourquoi certains grains sont meilleurs que d'autres et comment les sélectionner. Ensuite, il me faut convaincre les marchands de procéder à de nombreux tris supplémentaires à ceux habituellement effectués, y compris un tri manuel grain par grain, baptisé « hand picked » et me vendre quelques kilos de ces meilleurs grains. Eux qui pensaient que j'allais acheter des containers, en négociant les prix, à l'instar des rares marchands d'épices qui se déplacent jusque-là, sont terriblement surpris et déçus ! Mes exigences sont seulement d'obtenir une qualité hors normes.

Comment imaginer qu'un fou d'Occidental traverse la planète pour acheter seulement quelques kilos de poivre ? Malgré leur refus de me vendre une aussi petite quantité, j'insiste, et nonobstant leur visible contrariété, je quitte le pays avec de précieux grains que les douaniers veulent me confisquer. Je suis entouré de militaires en armes, dont le nombre grossit rapidement, qui ne reconnaissent pas les grains de poivre produits dans leur pays, imaginant certainement que les sachets contiennent d'illicites substances. Les images du film *Midnight Express* me viennent spontanément à l'esprit et je me vois déjà dans une geôle de Java, séparé de mon trésor. Soudain, miraculeusement je me souviens du sésame : « lada hitam », qui signifie poivre noir en indonésien. Les douaniers éclatent alors de rire car c'est ce qu'il y a de mieux à faire quand on se rend compte de sa méprise. Finalement, de longues heures plus tard, je suis de retour en France avec mon inestimable chargement.

Je propose ce poivre exceptionnel à des chefs réputés. Quelques-uns seulement répondront favorablement, m'encourageant à créer Le Comptoir des poivres, ma propre société d'importation et de négoce, et à continuer cette belle aventure qui ne fait que commencer.

J'ai vécu de multiples péripéties dans de nombreux pays producteurs et j'ai enfin pu barrer la plus grande partie des noms écrits sur la liste... mais de nouveaux ont désormais pris leur place !

Je n'oublie jamais que, jadis, pour rapporter ces quelques grains de poivre, des hommes prêts à payer de leur vie, partirent à la recherche de la chère épice, traçant les grands axes terrestres de circulation et

d'échange entre Orient et Occident, et établirent la Route des épices. Ultérieurement, les grands marins, Vasco de Gama, Magellan, Christophe Colomb..., rivaliseront d'audace et d'imagination pour chercher les grandes voies maritimes conduisant à la source.
Aujourd'hui, le poivre s'est banalisé, il est présent sur toutes les tables et dans toutes les cuisines, mais on ne lui accorde pas assez d'importance, on a oublié le courage de ces aventuriers. On l'utilise machinalement, sans réflexion. Il est surprenant de lire les recettes de la plupart des grands chefs, extrêmement précises quant à l'origine des produits, qui se terminent systématiquement par « un tour de moulin », sans préciser la couleur, la variété et l'origine du poivre à utiliser.
Apicius, il y a deux mille ans, était beaucoup plus précis ! Il utilisait trois poivres différents et le faisait savoir.
Je me suis imposé une nouvelle mission, œuvrer pour redonner au poivre la place qu'il mérite dans les cuisines.
Aujourd'hui, je procède de la manière suivante : je vais choisir sur les zones de production les meilleurs poivres de la planète. J'ai désormais l'expérience et des critères draconiens. Je n'achète que le meilleur, l'exceptionnel, c'est-à-dire quelques grains dans une tonne qui sont sélectionnés par tris successifs, après d'âpres négociations où il n'est question que de qualité et jamais d'argent. Ces quelques grains sont ensuite expédiés en France, sans stockage et sans intermédiaire.
Il faut savoir que le poivre est un produit coté en bourse qui fait donc l'objet de spéculations. De cupides négociants n'hésitent pas à stocker des tonnes de poivre, dans des conditions lamentables pendant des mois, voire des années, pour les faire réapparaître sur le marché au moment le plus favorable pour réaliser un substantiel bénéfice. De puissantes sociétés réalisent des profits scandaleux, dictent le marché et achètent à des prix dérisoires, par l'intermédiaire de collecteurs, la récolte de petits producteurs qui ne peuvent vivre décemment de leur travail. Les marchands indiens achètent des poivres de différentes origines, Vietnam, Brésil... qui seront revendus comme poivre du Malabar ! Il est donc impossible, lorsque l'on achète ces épices en Occident, d'avoir la moindre garantie de son origine et de son état de fraîcheur, car la législation n'exige rien dans ce domaine.

J'ai tissé un réseau d'intermédiaires, dans de nombreux pays, qui me font confiance et acceptent mes conditions draconiennes en termes de qualité. J'ai même mis en place un véritable partenariat avec de petits producteurs, me permettant d'intervenir directement sur la plante. Je suis donc très fier de ne proposer aujourd'hui que des poivres de très grande fraîcheur et d'origine contrôlée.

LES TRACES DU POIVRE DANS L'HISTOIRE

Le poivre a été très fréquemment cité dans la littérature en général, tout particulièrement dans les traités botaniques, les recettes d'apothicaires, et cela va de soi, dans celles de cuisine. Mais si l'on en fait souvent l'éloge, on le rend aussi responsable de nombreux maux et tout particulièrement du péché de chair.

AU COMMENCEMENT

On sait que l'homme préhistorique se servait de feuilles pour rehausser le goût de ses aliments.
On peut donc imaginer que les premiers habitants du sud de l'Inde, ayant à leur disposition le feu et le récipient, utilisaient déjà le poivre pour améliorer leur ordinaire.
Mais cela reste une simple supposition de ma part, car aucune preuve tangible ne m'a été donnée à ce jour…

-4000 AVANT JC

La trace écrite la plus ancienne est celle trouvée sur des tablettes découvertes en basse Mésopotamie, dont le décryptage a démontré l'utilisation d'épices par la civilisation d'Uruk. Cette civilisation est citée dans *L'Ancien Testament* sous le nom d'Erech.

-3000 -2000

Les habitants de la plaine de l'Indus, aujourd'hui Pakistan, la civilisation Mohenjo-Daro, ainsi que les Assyriens et les Babyloniens commercent déjà les épices achetées dans le Malabar et à Ceylan.

-2700

Un traité chinois, dû à l'empereur Shen Nung, mentionne cette épice.

CI-CONTRE : CUEILLETTE TRADITIONNELLE EN INDE

-1500 -1200

Des papyrus citent le poivre dans différents contextes,
et l'on a d'ailleurs la preuve que les embaumeurs égyptiens utilisaient les épices et en particulier le poivre, des grains ayant été trouvés dans la momie de Ramsès II (-1304 avant J.-C. -1213 avant J.-C.), découverte par Gaston Maspero en 1881.

-1000

Le terme *pipalli* apparaît dans les textes sacrés aryens, et notamment dans l'*Atharva-Véda* (le Véda des formules magiques), daté par hypothèse comme les autres Védas du Xe siècle avant J.-C. Des textes en sanskrit font allusion à l'utilisation du poivre comme médecine et comme aphrodisiaque.

-1000 -900

La légendaire reine de Saba se serait rendue à Jérusalem, pour une audience auprès du roi Salomon, avec un convoi de chameaux chargés d'épices du Malabar.

-460 -377

Hippocrate prescrit le poivre.

-371 -285

Théophraste, père des botanistes, qui devint par la suite cuisinier émérite, cite dans son histoire des plantes deux variétés d'une épice qu'il nomme « Peperi », le long et le rond.

-356 -323

Alexandre le Grand rapporte du poivre depuis l'Indus.

-132 -63

Le poivre entre dans la composition de la thériaque de Mithridate, célébrissime contrepoison, dont le mélange n'a cessé d'évoluer au cours des siècles.

-116 -27

Marcus Terentius Varro, dit Varron, dans une satire sur les repas fins en parle comme d'un aphrodisiaque : ajoutez-y du poivre et vous ouvrirez sans peine la « porte » de Vénus.

-69 -30

Dans l'Égypte ptolémaïque, les cuisiniers de Cléopâtre, connue pour son faste et ses banquets légendaires, utilisent de grandes quantités de poivre pour élaborer des plats « endiablés », ce qui n'empêcha pas le reine d'Égypte de se suicider

-65 -8

Horace vante la divine épice, et dit même à son jardinier qu'il préférerait voir croître dans son jardin du poivre et de l'encens plutôt que de la vigne.

-63 -14

À l'époque d'Auguste (63 avant J.-C.–14 après J.-C.) et de Tibère (42 avant J.-C.–37 après J.-C.), le grand et exubérant cuisinier Gavius Apicius en use sans parcimonie et Pline l'Ancien (23–79 après J.-C.) ne cesse de s'étonner de l'engouement des Romains pour cette baie parfumée en parlant de mode.

Dans *De re coquinaria* (qui serait le premier livre de recettes de cuisine), attribué à Apicius, on trouve la liste des épices indispensables dans une bonne maison, afin que rien ne manque aux assaisonnements, et le poivre, bien entendu, y figure en bonne place. Dans le même ouvrage, on trouve une recette d'une extraordinaire modernité. Il s'agit d'un ragoût d'abricots avec de l'huile d'olive et du poivre. Dans les *Deipnosophistes* du Grec Athénée, figure une recette identique.

0

Dans la *Bible* et, plus tard, dans le *Coran,* on parle de marchands ismaéliens transportant du poivre à dos de chameau. Ézékiel, dans *L'Ancien Testament*, évoque les marchands d'épices de Sheba et Raamah.

Les Juifs du début de notre ère pratiquaient le jeu de *Pilpel* (poivre). Il s'agissait d'une allégorie de discussions piquantes.

Les Grecs remplacent les baies de myrte par deux espèces de poivre, le rond appelé *stoggulon* et le long dénommé *aponakes*.

40

Dioscoride écrit *De Re Medica*, un traité de médecine, consacré à l'étude des plantes médicinales et où figurent des épices.

53-117

Dans la Rome de Trajan la *via Piperatica* (rue du poivre) est un véritable souk aux épices, avec un entrepôt réservé à ces denrées, baptisé *Horrea piperatica,* tandis qu'à Alexandrie un quartier entier est consacré à ce commerce.

570-632

Le prophète Mahomet se marie avec une riche courtière en épices, plaçant ainsi l'Islam naissant sous des auspices épicés.

X^E^ SIÈCLE

Les maîtres de la célèbre école de Salerne, première école de médecine du Moyen Âge, prescrivent du poivre noir et du blanc.

1178

Benjamin de Tudèle parle des plantations de poivre sur la côte de Malabar.

1304-1368

Le grand voyageur arabe, Ibn Battûta, né à Tanger, écrivain, historien et géographe, parle dans son précieux journal de route d'une plante grimpante ressemblant à de la vigne, qui pousse sur les cocotiers. Il s'agit du poivrier. Il décrit avec une grande minutie sa récolte et son acheminement vers les marchands de Calicut. Invité par un sultan indien, il relate le rite des repas et mentionne l'utilisation de poivre confit en grappe. Il parle également de la bourse aux épices de Cochin et de la présence de courtiers juifs ayant fui Jérusalem au moment de la destruction du Temple (70 après J.-C.).

1286-1331

Le moine italien Odoric de Pordenone fait un rapport sur la culture du poivre qu'il a pu voir en Inde, sur la côte de Malabar : « Ils plantent les poivriers contre les arbres, comme nous le faisons pour la vigne, et le poivre pousse en grappes comme le raisin ; mais quand les grains sont mûrs, ils sont verts. »

1392

Guillaume de Tirel dit Taillevent, dans son célèbre *Viandier,* recommande un usage sans modération du poivre, et en particulier dans des sauces baptisées « sauce d'enfer » et « sauce de trahison ».

1478-1553

Girolamo Fracastoro, appelé Frascator, fait entrer le poivre dans la composition de son médicament universel, le *Diascordium*

1610-1660

L'écrivain satirique Scarron écrit : « Les chairs seront en estouffade, les entrailles à la poivrade. »

1638-1684

La reine Marie-Thérèse d'Autriche, épouse de Louis XIV, se délecte d'un bouillon noir fait de légumes et de poivre long.

1666

Dans sa *Satire III, le repas ridicule,* Boileau écrit : « Quand on parle de sauce, il faut qu'on y raffine, pour moi j'aime surtout que le poivre y domine.

1774

Menon, dans *La Cuisine bourgeoise,* donne le conseil suivant : « Les huîtres elles se mangent ordinairement crues avec du poivre. »

1842-1908

François Coppée a écrit cette célèbre phrase qui ne lui est pas toujours attribuée et qui est souvent déformée : « Il faut quatre hommes pour faire une salade, un prodigue pour l'huile, un avare pour le vinaigre, un sage pour le sel et un fou pour le poivre. »

1881

« Ils perfectionnèrent les achards… de Madame Bordin, en épiçant le vinaigre avec du poivre… » Flaubert, *Bouvard et Pécuchet.*

1854-1905

Parfois le poivre est traité avec humour, comme chez Alphonse Allais : « Plus on avance dans la vie, plus on est obligé d'admettre que le sel de l'existence est essentiellement dans le poivre qu'on y met. »

LES EXPRESSIONS « POIVRÉES »

Le mot « poivre » a donné naissance à un vocabulaire « poivré », qui se retrouve dans des expressions populaires.

« Poivre et sel »

S'utilise pour qualifier une chevelure ou une barbe grisonnante.
Vient de l'apparition sur la table de la salière et de la poivrière (le blanc et le noir).
Expression utilisée par les Anglais pour parler d'un tissu noir et blanc.

« Poivrer »

Faire payer trop cher.

« Moudre du poivre »

Avancer lentement, avec difficulté.

« Cher comme poivre »

Expression bien fondée en son temps, apparue avant l'arrivée des Portugais sur le marché des épices.

« Avez-vous lu l'ouvrage ? Cela est poivré. » VOLTAIRE

Poivré prend alors un sens licencieux.

« Poivrer »

Terme de fauconnerie, il s'agit de laver un oiseau avec de l'eau et du poivre pour éliminer la vermine.

« Piper non homo » PETRONE

Pour parler d'un homme caustique.

CI-CONTRE : TELLICHERRY, POIVRE NOIR D'INDE

« Sacs à poivre »

En Saxe, cette expression désignait les nobles, mariés à des roturières, que l'on obligeait à absorber du poivre, jusqu'à ce que mort s'ensuive, pour les punir de leur mésalliance.

« Chier du poivre

« Une réponse poivre et sel »

Réponse à moitié aimable.

« Poivrer »

Communiquer une maladie honteuse.

« Condamner au poivre »

Se dit d'un livre digne d'être envoyé… chez l'épicier.

« Une addition poivrée »

Faire payer trop cher.

« Chevelure en grains

« Il me rendra bon poivre »

Il me payera.

« Poivrière »

Terme de fortification. Petite guérite surmontée d'un dôme et ressemblant à une poivrière de table.

« Se faire du poivre »

Se faire du souci.

« Poivrot »

Ivrogne. Parce que pendant très longtemps les boissons alcoolisées ont contenu du poivre, faisant office de conservateur.

à quelqu'un »

Vouloir nuire à une personne.

« Nous sommes tous poivrez » RABELAIS

S'empoivrer devient synonyme de s'enivrer.
(On ajoutait à cette époque du poivre dans le vin pour le conserver.)

« Piler du poivre »

Terme d'équitation employé lorsque le cavalier est fortement secoué par sa monture.

« Poivrade »

Terme culinaire désignant plusieurs choses, tout d'abord de petits artichauts violets (artichauts à la poivrade), et l'assaisonnement simplissime qui accompagne les artichauts, fait avec du sel, du poivre, de l'huile d'olive et du vinaigre. Quant à la sauce poivrade, c'est une sauce brune, poivrée, utilisée pour accompagner gibier et venaisons.

de poivre »

Terme anthropologique imagé désignant la chevelure des Papous de Mélanésie et de certaines peuplades Africaines.

« Pébrine »

Nom donné à une maladie du ver à soie, caractérisée par l'apparition de petits points noirs. Louis Pasteur identifia le champignon responsable et inventa une méthode pour sauver la sériculture.

« Poivrer »

Rendre des écrits, caustiques ou licencieux.

CHER COMME POIVRE

Le poivre est une épice onéreuse. Si vous en doutiez, j'ai relevé quelques traces de sa cherté. Même si l'expression « cher comme poivre » ne date que du Moyen Âge, on trouve mention de sa valeur bien avant.

410

Les Goths s'emparent de Rome, et Alaric le barbare réclame une rançon payée en or, en argent et en poivre.

452

Le pape Léon Ier va au devant d'Attila pour le supplier d'épargner Rome et lui offre de nombreux présents, le poivre figurant parmi les plus précieux.

SACS PRÊTS À ÊTRE EMBARQUÉS

1101

Après la prise de Césarée, les soldats génois perçoivent leur part de butin, soit deux livres de poivre chacun.

1143, 1283

Les marchands juifs d'Aix-en-Provence payent leur protection aux archevêques, Bertrand et Rostang de Noves, en poivre.

1384

Au Moyen Âge, la profession de « poivrier » s'organise, se hiérarchise avec au sommet de l'échelle les pébriers soubeyrans, c'est-à-dire les poivriers souverains. La première loge est inaugurée le 4 mai 1384. À cette époque, une poignée de poivre vaut un bœuf et un demi-mouton. On peut doter sa fille en poivre. Sur les marchés, les « banalités » se payent soit en argent soit en poivre, on peut s'acquitter de la même manière des amendes et des impôts. Le poivre est si précieux qu'on le compte grain par grain. Un écu est orné de clous de girofle et de grains de poivre. L'ancêtre de notre pot-de-vin est appelé « épices de chambre » sous la forme de sachets d'épices que l'on offre aux juges, appelés « grands épiciers », pour acquérir leur indulgence.

DE NOS JOURS

Vous-même, vous payez tous les jours en épices, le mot « espèces » employé couramment pour parler d'argent liquide venant du latin *species*, qui a donné le mot épices…

AFFICHAGE RUDIMENTAIRE DU COURS DES ÉPICES EN INDE

CE QU'EST LE POIVRE

Ce poivre que vous utilisez tous les jours, savez-vous d'où il vient, comment il pousse ? En fait, peu de gens le savent, quel paradoxe !
La star incontestée de toutes les épices, le poivre dont le nom botanique est *Piper nigrum* est originaire du sud-ouest de l'Inde, sur la côte de Malabar (Malichabar : « Terre du poivre »), dans la région du Kérala actuel.

LA PLANTE

Le poivre fait partie de la famille botanique des pipéracées, appartenant à l'ordre des pipérales, riche d'environ 2 000 espèces regroupées en 8 genres dont je vous épargnerai la liste. Seulement quelques-unes sont utilisées comme épice. On consomme généralement les fruits, mais parfois aussi les feuilles, l'écorce et même les racines.
Le plus illustre représentant de cette famille est *Piper nigrum*, également, mais très rarement appelé *Piper aromaticum*. Il s'agit du poivre noir que vous connaissez bien et qui peut être vert, blanc ou rouge, bien qu'il s'agisse toujours du fruit de la même liane. Le poivre gris n'existe pas à l'état naturel, c'est un mélange de mauvais poivres, inventé par les mauvais marchands.
Vous trouverez pages 54-55 une petite liste, non exhaustive, des membres les plus connus de cette famille, utilisés comme épice ou entrant dans les pharmacopées locales.
Quelques pipéracées, appelées Peperomia, sont simplement des plantes décoratives, dont la liste est impressionnante.
Le poivrier accepte une amplitude thermique allant de 10 à 40 °C, mais il préfère une température constante, idéalement située entre 20 et 30 °C. Il requiert en outre ombre et lumière, une pluviométrie de deux à trois mètres d'eau par an, un sol bien drainé et une certaine fraîcheur nocturne.
Le poivrier pousse à l'état spontané en Inde et, depuis qu'il est cultivé, de nombreuses variétés hybrides sont apparues. Vingt-quatre variétés de plants ont été recensées. Les plus couramment utilisés sont : Karimunda, Kottanadan, Aimpirian, Narayakodi, Kalluvally, Ballankotta, Kuthiravally, Kaniakadan, Arakkulammunda, Neelamundi, Vellanamban, Uddakara, Malligesara.
L'homme a sélectionné les plants les plus productifs et procédé à des hybridations. Les plants les plus répandus sont les cinq différents Panniyur, le PLD2, le Subhakara, le Sorekara, le Panchami et le Paurnami.
Les types les plus utilisés dans le monde sont le Lampong ou Kawur à

CI-CONTRE : DANS LA JARRE EST EN PRÉPARATION UNE MIXTURE NATURELLE QUI SERVIRA DE FERTILISANT

grandes feuilles, épis longs et petites baies pour le poivre noir, et le type Muntok ou Bangka à petites feuilles, épis courts et grosses baies pour le poivre blanc, ces deux souches ayant été implantées à Madagascar. Se rattachant au type Lampong, on trouve en Inde la variété Balamkotta et, en Indonésie, le Belantoeng, également introduit en Afrique.

Il s'agit d'une liane pérenne avec des racines souterraines et des racines adventives aériennes, pouvant atteindre dix mètres de hauteur, qui pousse généralement sur un tuteur vivant : hévéas, cocotiers, aréquiers, jacquiers, papayers, eloeis, arbres à pain, ylang-ylang... mais aussi sur tuteur mort, appareillages en bois ou en bambou, fabriqués par l'homme.

Il s'agit souvent de cultures associées, les arbres servant d'ombrage pour les plantations de caféiers, cacaotiers, cardamome, gingembre, curcuma ou mandariniers et parfois même de théiers.

Ces lianes sont taillées aux environs de six à huit mètres pour faciliter la récolte qui se fait manuellement, les habiles cueilleurs grimpant à l'aide de grandes tiges de bambou. La culture sur tuteur mort permet une plus grande densité de plants, de plus gros rendements et une cueillette facilitée.

Les jeunes plants commencent à produire vers l'âge de trois à quatre ans et leur durée de vie est d'environ cent ans. Les lianes produisent de quatre à huit kilos de fruits par récolte, sous forme de petites grappes. Les baies qui arrivent à maturité quatre mois après la floraison ont des propriétés aromatiques dues à la présence d'une résine âcre associée à une huile volatile, qui en font une des épices les plus célèbres. Seuls les plants femelles produisent des fruits et la pollinisation se fait grâce au lent ruissellement de l'eau de pluie. Après que la liane s'est parée de jolies petites fleurs blanches, il faut environ deux cents jours pour obtenir les petits fruits regroupés en grappes. Quelle que soit la couleur obtenue, vert, noir, blanc ou rouge, il s'agit toujours du même fruit qui a poussé sur la même liane, à des degrés de maturation différents.

PLANTATION À KAMPOT (CAMBODGE)

LE POIVRE VERT

Lorsque la grappe est formée et que les fruits ont atteint leur taille adulte, on obtient du poivre vert, que l'on ne trouve que très rarement sur nos marchés à l'état frais. On peut se le procurer soit lyophilisé ou déshydraté, soit en saumure ou conservé dans du vinaigre ou de l'acide citrique. Faute de poivre frais, je vous conseille d'utiliser du poivre lyophilisé, c'est-à-dire séché sous froid négatif, que vous réhydraterez dans un liquide. Les autres types de conservation n'ont pas grand intérêt.
À ce stade, le poivre est essentiellement utilisé pour l'extraction des huiles essentielles destinées aux industries pharmaceutiques, cosmétiques et chimiques. Il faut d'ailleurs savoir que les meilleures épices, c'est-à-dire les plus riches en essences, sont généralement destinées à ces utilisations.
Une fois réhydraté, le poivre lyophilisé retrouve l'aspect et les caractéristiques du poivre frais. Il n'a pratiquement pas d'odeur. Son goût est frais, très végétal avec un piquant très élégant, et vous pourrez l'utiliser pour de multiples usages.
C'est un vrai bonheur que de croquer ce fruit sur l'arbre, il est délicatement épicé, merveilleusement aromatique, extrêmement fruité, suave, peu piquant et subtilement résineux.
Si vous avez la chance d'en trouver du frais sur un marché asiatique, n'hésitez pas à en acheter. Vous le trouverez dans des barquettes en polystyrène recouvertes de film d'emballage. Il ne se conserve pas très bien, les grains noircissent assez rapidement une fois leur protection retirée.
Le poivre vert a été rendu célèbre en Europe, dans les années 1960, par Claude Terrail du restaurant La Tour d'argent, avec son fameux caneton farci au poivre vert, ainsi que par Paul Corcelet, qui imagina une merveilleuse moutarde au poivre vert.

LE POIVRE NOIR

Le poivre noir possède une saveur chaude, ardente et piquante. Son cortège aromatique est riche et complexe, il développe des notes boisées, florales, épicées, résineuses, réglissées, térébenthinées, anisées, mentholées… Avant d'arriver à ce merveilleux résultat, revenons aux fruits verts qui vont grossir et se parer d'une teinte légèrement jaunissante. Cueillis à ce stade, avant maturité complète, ils sont transformés, après séchage, en poivre noir. Puis, les grappes sont foulées au pied ou éraflées manuellement. Dans les petites plantations, le séchage se fait à même le sol, au soleil, sur des esplanades bétonnées et parfois même sur les routes goudronnées. Il dure de trois jours à une semaine. Durant la journée, les grains sont étalés et, le soir, ils sont regroupés et recouverts par des sacs de jute et des bâches pour les protéger de l'humidité nocturne. Une microfermentation se produit durant la nuit. Les grains se fripent et prennent une coloration allant du brun au noir. Ils sont ensuite lavés et triturés pour les débarrasser des poussières et des corps étrangers. Il faut savoir que cent kilos de poivre vert donnent environ trente kilos de poivre noir et vingt à vingt-cinq kilos de poivre blanc.
Les « industriels » utilisent d'énormes séchoirs, et dans ce cas, le séchage dure seulement cinq heures. Il va de soi que la première méthode donne de bien meilleurs résultats sur le plan aromatique. Une autre méthode permettant d'accélérer le séchage consiste à tremper les grains dans de l'eau bouillante pendant quelques minutes et de les exposer au soleil

ensuite. Elle est assez répandue au Sri Lanka. Cette opération est intéressante car le choc thermique concentre les essences dans le cœur du grain et la perte est moindre au séchage.
Après le séchage, de multiples opérations sont effectuées, les principales étant le calibrage au tamis et la pesée densimétrique. Les plus gros grains et les plus denses sont les meilleurs et les plus chers. Puis interviennent différentes étapes de tri, les plus grands poivres étant séparés manuellement et, dans certains pays, par chromatographie. Pour ma part, j'exige des tris beaucoup plus sévères que ceux généralement effectués et cela se termine souvent à la pince à épiler !
Les grains destinés à l'exportation sont ensuite lavés selon un processus destiné à éviter l'apparition de microchampignons blanchâtres avec le vieillissement. Un nouveau séchage est nécessaire pour faire baisser le taux d'humidité. Celui-ci est strictement réglementé par les Occidentaux : 11,5 % pour l'Europe et moins de 11 % pour les États-Unis, alors qu'il dépasse largement 12 % avant cette dernière opération. La baisse du taux d'humidité entraîne une légère perte des arômes.
Une fois les grains choisis, on passe à l'étape qui consiste à déterminer les tranches de prix. S'applique alors un système de classification, malheureusement différent dans chaque pays. Les critères principaux sont la grosseur des grains, la densité, le taux d'humidité, le pourcentage d'éléments étrangers, de très petits grains ou de grains creux.

SUR LA NOIRCEUR DES GRAINS DE POIVRE

Il existe une très jolie légende, écrite par le frère Barthélémy l'Anglais, dans son célèbre *De Proprietatibus Rerum*, que je m'empresse de vous rapporter. On pensait que les forêts où poussaient les poivriers (situées sur le versant sud de la colline Caucase) étaient défendues par de dangereux serpents et qu'il fallait mettre le feu aux arbres pour chasser les terribles gardiens afin de pouvoir cueillir la chère épice. L'incendie étant, bien sûr, le responsable de la noirceur des grains.

LE POIVRE BLANC

Quand on laisse mûrir les grains, ils virent à l'orangé. Ils sont alors immergés dans de grands bassins d'eau de pluie, ou d'une autre provenance, dans de l'eau courante parfois, pour une opération de macération qui s'appelle le rouissage et qui peut durer une dizaine de jours. La qualité du résultat final dépend de la pureté de l'eau et des soins prodigués lors de l'opération de triturage. Les grains sont ensuite triturés et vannés pour les débarrasser de la pulpe externe, aussi appelée péricarpe, et ne conserver que le cœur ou noyau, qui s'appelle akène, qu'on laissera sécher longuement au soleil. En séchant, les grains s'éclaircissent, et lorsqu'ils sont complètement secs, on obtient le poivre blanc.
Une autre méthode, assez peu répandue car plus coûteuse, consiste à retirer la chair des fruits sous l'action de la vapeur et à les placer ensuite dans une eau sous pression pour éliminer toute trace du péricarpe.
Parfois aussi des grains de poivre noir sont débarrassés de l'enveloppe noire pour récupérer le grain blanc. Cette opération est difficile et peu courante.

CI-CONTRE : UN FERMIER ME MONTRE FIÈREMENT SES PLANTS DE SARAWAK SUR L'ÎLE DE BORNÉO

La classification s'opère après les mêmes contrôles que ceux effectués sur le poivre noir. Un beau poivre blanc a été trié à la main, pour ne conserver que les grains les plus gros et d'une belle couleur crème, claire, uniforme et sans tache. Si vous trouvez du poivre très blanc, c'est qu'il a été traité au dioxyde de soufre, soit dans des chambres à gaz, soit par immersion dans des bains, afin de le blanchir, à l'instar d'autres épices comme la cardamome blanche qui n'existe pas naturellement de cette couleur, ou de certains légumes comme le céleri. Ces poivres, et ces autres produits à l'odeur de chimie fortement marquée, sont imprégnés par ce produit nocif. Il va de soi qu'il ne faut jamais les acheter ni les consommer.
Le poivre blanc est moins piquant et plus aromatique que le poivre noir, parce que les principes actifs, et en particulier la pipérine, sont majoritairement contenus dans l'enveloppe externe dont il a été débarrassé, alors que les molécules aromatiques sont concentrées dans le cœur de la graine.

LE POIVRE ROUGE

Lorsque l'on laisse mûrir complètement les grains, ils se parent d'une superbe couleur rouge cerise, tout comme les grains de café. Le poivre rouge est très peu consommé sous cette forme. Il est tout simplement séché comme le poivre noir. Une opération de trempage dans l'eau chaude avant le séchage aide à fixer la couleur. Certains marchands peu scrupuleux n'hésitent pas à teinter artificiellement les grains avec des produits nocifs, pour leur donner plus de couleur. Méfiez-vous des poivres rouges trop rouges !
Le poivre rouge se rencontre rarement, car les grains sont généralement cueillis avant maturité, pour être vendus plus tôt et, d'autre part, parce qu'en Inde, le principal fournisseur, la fin de la maturité des grains correspond à l'arrivée de la ravageuse et vitale mousson, qui détruit toutes les grappes restées sur la liane. Il faut prier les nombreux dieux pour que la récolte puisse se faire avant le déluge.

D'autres variétés de la famille des pipéracées sont utilisées comme épice.

LE POIVRE CUBÈBE

Piper cubeba ou *Cubeba officinalis*

Ce poivre est issu d'une autre variété que *Piper nigrum*. Il possède de nombreux noms vernaculaires : cubèbe ou cubeb, poivre cubèbe, embèbe, cubèche, poivre du Kissi ou poivre de Java. On l'appelle couramment « cubèbe » ou « poivre à queue ».
Son nom vient de l'arabe *kebaba*, mais il est originaire, tout comme son cousin *Piper nigrum*, du sud de l'Inde, sur la côte de Malabar. Il peut provenir de lianes sauvages, mais il est aujourd'hui cultivé dans différents pays tropicaux, l'Indonésie restant le principal producteur. Les îles de Madura, des Moluques et des Célèbes sont les principaux sites de culture. On le cultive également au Sri Lanka.
Tout comme *Piper nigrum*, il s'agit d'une liane dont le fruit est cueilli avant maturité pour être séché au soleil. Les baies deviennent brun foncé, elles sont rondes et creuses, fripées, munies d'un pédoncule formant une petite queue et contiennent une petite graine noire.

SÉCHAGE EN PLEIN CHAMP À KAMPOT (CAMBODGE)

On sait peu de chose sur l'histoire de cette épice, sinon qu'elle fut très en vogue dans les cuisines anciennes, pour disparaître vers le XVIIe siècle. Elle est aujourd'hui essentiellement utilisée par l'industrie pharmaceutique. Elle est antiseptique, stomachique, elle stimule le système nerveux et soulage les troubles respiratoires.
Cette baie brune munie d'un petit appendice est pourtant très intéressante sur le plan gastronomique : elle est puissamment aromatique, camphrée et acidulée avec des notes mentholées et florales, évoquant la térébenthine, l'eucalyptus, la lavande et le romarin, le citron et l'essence de niaouli, avec une légère amertume et une agréable acidité. Elle est peu piquante et laisse une persistante et très agréable saveur en bouche. Mais, attention, utilisée avec excès elle devient rapidement dominante et amère dans un plat.
Ce poivre entre dans la composition de nombreux mélanges, dont le fameux ras-el-hanout marocain et différents masalas indiens, et particulièrement dans les mélanges appelés curry. Elle est utilisée dans la cuisine indonésienne, notamment dans les plats de légumes.
Ce poivre est rare et trop peu utilisé en cuisine. Je compte sur vous pour réparer cette injustice.

LE POIVRE LONG

Piper longum

Le poivre long est également appelé *Piper retrofactum* ou *Piper officinarum*.
Il a, bien sûr, de nombreux noms vernaculaires dont les principaux sont poivre du Bengale, poivre long de Java, piment long, mignonnette, poivre balinais, poivre de Jaborandi ou poivre Lindi.
Piper longum est originaire d'Inde où il pousse encore à l'état sauvage dans les zones septentrionales du pays, sur les contreforts de l'Himalaya, au Népal, au Bengale et en Assam. Il est également cultivé au Sri Lanka.

En Indonésie, il est cultivé au nord-est du pays, dans les îles de Madura, Ternate, Ambon, Seram, Java, dans les Moluques et les Célèbes, mais aussi en très petites quantités à Sumatra sur les lieux de production du poivre noir de Lampung où les lianes poussent en périphérie des plantations.
Ce poivre est très étonnant, spectaculaire même. La baie ressemble à un chaton de noisetier de 2 à 3 centimètres. Le poivre long est récolté manuellement avant maturité, comme le poivre noir. En séchant au soleil, il prend une teinte brune qui vire parfois au rouge. Sa production est peu importante. Elle est essentiellement destinée à l'industrie pharmaceutique. Son prix est plus élevé que celui du poivre noir.
On sait finalement peu de chose de cette épice qui a pourtant été connue en Occident avant son petit frère « poivre noir » et qui a vraisemblablement légué son nom « pipalli » à la star de la famille.
Sa saveur est chaude et très aromatique, moins piquante et brûlante que celle du poivre noir, légèrement sucrée, fruitée, boisée, épicée de notes de cannelle, réglissée et chocolatée.
Il est utilisé en Extrême-Orient dans les plats, les conserves, en Inde dans les masalas et dans de nombreux mélanges d'épices célèbres.

LE POIVRE LONG DANS LES PRINCIPALES LANGUES INDIENNES

En sanskrit, racine de la plupart de ces langues, poivre long se dit *Chanchala* ou *Pipalli*, ce dernier terme ayant été emprunté à un vocable malabar. *Pipalli* n'a vraisemblablement aucun lien avec l'arbre sacré pipal (*Ficus religiosa*).

Noms vernaculaires en Inde : Pipala, Pipli, Pipal mul.

Assamais : Pipoli.
Bengali : Pipool.
Gujrati : Pipara.
Hindi : Pipli.
Kannara : Hippali.
Malayalam : Thippali.
Marathi : Pimpalli.
Oriya : Pipali.
Ourdou : Pipul.
Punjabi : Magha, Darfilfil.
Tamoul : Tippili.
Telougou : Pippali.

LE POIVRE SAUVAGE VOATSIPERIFERY

Piper borbonense

Le voatsiperifery est une liane qui appartient à la famille botanique des pipéracées. Elle pousse à l'état spontané sur des arbres de la forêt tropicale, dans les régions chaudes et humides de l'est de Madagascar, où sa récolte est assurée par des communautés villageoises. On en trouve également sur l'île de la Réunion et sur l'île Maurice.
Il est souvent confondu avec le cubèbe, on l'appelle même « cubèbe du pays » à Maurice. D'autres noms vernaculaires lui sont attribués : bétel marron, poivrier sauvage ou bétalle.
Il s'agit d'une petite baie munie d'un petit appendice caudal, de couleur brun-marron virant parfois au rouge lorsqu'elle est sèche.
Son odeur évoque le poivre noir et le cubèbe avec des notes boisées et terreuses, mais aussi des notes fraîches d'agrume et de menthe. Son goût est très frais et persistant. Le piquant n'est pas violent mais incisif et tenace. C'est un produit très rare. La récolte est toujours difficile car les lianes sont parfois inaccessibles. Sa préparation est très délicate car sa teneur en eau est très élevée et les baies très fragiles. Elles virent au rouge à maturité et noircissent en séchant à l'instar de son cousin *Piper nigrum*.

Cette épice de la famille du poivre est très peu connue et, même à Madagascar, elle ne reste utilisée que dans la zone de production. On la retrouve dans quelques plats traditionnels et surtout dans des macérations avec différentes variétés de piments.
Utilisez ce poivre, sans crainte, car il est moins puissant que les poivres noirs, blancs ou rouges.
Concassez les grains dans un mortier au moment de l'utilisation ou utilisez un bon moulin de technologie moderne. Une mouture grossière permet de développer au maximum les arômes. Évitez les cuissons violentes qui les rendent amers et piquants et font disparaître les arômes les plus subtils. Utilisez-les de préférence sur votre plat au moment du service.

COMMENT J'AI FAIT DÉCOUVRIR CE POIVRE EN EUROPE

Je suis très fier de cette histoire car, si je n'ai pas « découvert » une nouvelle épice, j'ai réussi à en introduire une en Europe. Ce poivre sauvage de Madagascar, le voatsiperifery *(Piper borbonense)*, n'avait jamais été importé de manière officielle avant que je m'y intéresse. Quelques Malgaches de l'est du pays avaient certainement ramené des grains dans leurs valises pour éviter la nostalgie au moment des repas, mais uniquement pour leur usage personnel. Avant mon long travail pour faire aboutir cette aventure et faire découvrir cette merveilleuse épice aux chefs, et par la suite au grand public, personne ne s'était intéressé à ce produit et à sa commercialisation. Je l'ai accompli avec l'aide de cinq communautés villageoises qui se sont chargées de cette lourde tâche, pour me fournir une récolte minime. La première année, une tonne a été récoltée qui, une fois séchée, avec beaucoup de difficulté à cause du taux d'hygrométrie très élevé a donné cent kilos de baies séchées. Cette histoire a été fortement médiatisée et j'ai bien sûr été copié par quelques marchands qui se sont engouffrés dans la brèche que j'avais ouverte. Ils commercialisent ce produit merveilleux comme une banale référence de plus dans leur catalogue, sans en connaître l'histoire.

POIVRIERS SAUVAGES EN INDE DU SUD

COMPOSITION CHIMIQUE DES PRINCIPAUX POIVRES

Le poivre noir contient les éléments suivants : Pinenes, b-caryophyllene, d-limonene, pipéridine, pipérine, camphre et chavicine.

Le poivre blanc contient : Pinenes, b-caryophyllene, d-limonene, pipéridine, pipérine et L-a-phellandrene.

Le cubèbe contient : b-cubebène, copaene, cubebol, d-cadinene et a-cubebène.

Le poivre long contient davantage de pipérine que le poivre noir ainsi que différents composés de la pipérine.

La saveur piquante est due à des amides (composés organiques) de la pipéridine.

L'un des principaux composants du poivre est l'amidon, pour environ 35 % du poids d'un grain noir et de plus de 50 % pour un blanc. L'héliotropine, utilisée par les parfumeurs, est obtenue par oxydation de la pipérine.

Certains vins, notamment les vins de la vallée du Rhône, issus du cépage « syrah », ont une odeur très marquée de poivre. Ils contiennent en fait une molécule que l'on retrouve dans le poivre, la rotundone.

LA GRANDE FAMILLE DES PIPÉRACÉES

Piper aduncum : poivre sauvage d'Amérique du Sud, dont on utilise les fruits.

Piper amalago : ses feuilles sont utilisées en assaisonnement à la Jamaïque, et ses petites graines noires très proches du poivre servent pour l'assaisonnement.

Piper angustifolium : ou matico, ou herbe du soldat, est aussi connu sous le nom *d'Artanthe elongata*. En Amérique du Sud, ses feuilles entrent dans la composition de produits aromatiques.

Piper anisatum : à l'odeur anisée, est utilisé dans le bassin de l'Orénoque (Venezuela).

Piper aromaticum : *Piper nigrum*.

Piper auritum : ce poivre sacré est d'origine mexicaine. On utilise ses feuilles comme épice. Il est également appelé *Piper sanctum*. Les baies, au goût d'anis et de cannelle, servent d'assaisonnement au Costa Rica. Il est aussi utilisé en infusion. Les feuilles, qui évoquent l'odeur de la salsepareille, servent à la préparation des tamales (pain de maïs mexicain).

Piper betel ou chavica betel : aussi appelé *bétel*. On utilise ses feuilles en Inde et en Asie du Sud-Est, comme masticatoire, additionnées de noix d'arec et de chaux éteinte.

Piper borbonese : *Piper borbenense* ou *voatsiperifery* ou *tsimahalatsaka*, utilisé à Madagascar sous sa forme fraîche. On en trouve également sur l'île Maurice et à la Réunion. Il est fréquemment confondu avec *Piper cubeba*. Ses noms vernaculaires les plus fréquents sont *bétel marron, cubèbe du pays, poivrier sauvage* ou *bétalle*.

Piper chaba ou **chavica officinarum** : également appelé poivrier long, on le trouve à Java et Bornéo.

Piper clusii : moins puissant que le poivre noir, il est très utilisé dans la cuisine africaine.

Piper cubeba : cubèbe ou poivre à queue, parfois appelé par les apothicaires *Fructus cubebae*.

Piper darienense : utilisé à Panama où il s'appelle *duermeboca*.

Piper ethiopicum (aethiopicum) : ou poivre de singe.

Piper excelsum : poivrier de Nouvelle-Zélande, également appelé kawa-kawa, est utilisé en infusion, mais il est aussi distillé pour en extraire une boisson violente.

Piper guineense ou **Piper guinenese (guineensis) (guinenese)** : généralement appelé poivre des Ashantis (Achantis), originaire de l'Ouest africain. Il y a beaucoup de confusions et de flou autour de ce poivre, car le nom poivre de Guinée est souvent attribué improprement à d'autres espèces, dont le *Piper clusii*, très utilisé en Afrique avec le même usage que le poivre noir. Ses feuilles sont également présentes dans des soupes, et les cendres des feuilles brûlées servent de substitut au sel. Ses feuilles servent également au Cameroun comme ingrédient de base de médicaments.

Piper interitum : appelé aussi *tetsi, Masho-Hara* ou *Yauardi-hena*, est utilisé comme un tabac à priser.

Piper lolot : poivre vietnamien.

Piper longifolium appelé *mahomo* au Pérou.

Piper longum : poivre long, très utilisé depuis l'Antiquité, il commence à réapparaître dans nos cuisines.

Piper marginatum : poivre de la République dominicaine, au parfum d'anis.

Piper mekonggense : utilisé dans le Sud-Est asiatique.

Piper methylisticum : voir *Piper methysticum*.

Piper methysticum : ou poivre Awa ou poivre enivrant ou Kawa ou Kava-Kava, variété cultivée s'apparentant au *Piper wichmannii* sauvage, dont on utilise les racines pour faire une boisson destinée aux cérémonies dans des îles du Pacifique, dont Hawaï et les Fidji. En Micronésie, ses racines sont mélangées à du lait de coco bu lors des rituels religieux ou politiques.

Piper nigrum : poivre noir, qui est parfois blanc, vert ou rouge, c'est celui que vous connaissez tous.

Piper officinarum : voir *Piper longum*.

Piper ornatum : poivre des Célèbes.

Piper palmeri : poivre mexicain aussi appelé *matico*.

Piper pellucidum : à la Martinique, en Amérique du Sud et dans l'ouest de l'Inde, ses feuilles sont consommées en salade, mais ne conviennent pas aux estomacs occidentaux.

Piper pseudo nigrum : également utilisé dans le Sud-Est asiatique.

Piper pyrifolium : appelé la lingue poivre ou liane-poivre sur l'île de la Réunion.

Piper refractum : *Piper longum*.

Piper retrofactum : *Piper longum*.

Piper rotundifolium : utilisé à la Jamaïque et à la Martinique.

Piper saigonense : aussi appelé *lolo* par les Vietnamiens.

Piper sanctus : voir *Piper auritum*.

Piper sarmentosum : appelé aussi arbre au poivre, dont on utilise les feuilles dans le Sud-Est asiatique, également appelé feuille de bétel sauvage.

Piper sylvaticum : variété de poivre long sauvage.

Piper trioicum : baies de très belle qualité, souvent commercialisé sous le nom de poivre noir.

Piper tuberculatum : les feuilles épicées sont utilisées comme papillotes en Thaïlande.

Piper umbellatum : sert d'antipoison à la Jamaïque. Au Cameroun, les feuilles entrent dans la composition de médicaments. On consomme ses feuilles en Amérique du Sud et en Amérique centrale.

De nombreuses épices, historiquement non identifiées botaniquement, sont improprement appelées « poivre ». Ces épices sont généralement des baies à saveur poivrée, ce qui leur vaut le titre de « poivre ». En voici quelques-unes parmi les plus connues.

LE « POIVRE » DE SÉCHUAN

Zanthoxylum piperitum

Le Séchuan est une région de l'intérieur de la Chine, au nord du Yunnan, où pousse cette épice éponyme qui appartient à la famille des rutacées, appelée improprement « poivre » de Séchuan avec de nombreuses orthographes, Sichuan, Séchouan, Szet-Chuan, Sze-Chuan, Se-Tchouan, etc. mais aussi nommée Sansho au Japon, Fagara ou Fagaré, poivre fleur, poivre anisé ou poivre du Japon.

Cet élégant arbuste arborescent et épineux à feuillage caduc, proche du frêne, est originaire de Chine. Il produit des grappes de petits fruits rouges que l'on récolte à l'automne et que l'on fait sécher au soleil. Les baies se parent alors d'une belle couleur brun-rouge. Elles contiennent une petite graine noire très amère qu'il est préférable d'éliminer, mais cette opération,

qui se fait traditionnellement avec une plume d'oie, est longue et coûteuse et la plupart des marchands, pour des raisons mercantiles, ignorent cette étape. Soyez vigilant lors de l'achat.
Cette baie très appréciée en Chine depuis l'Antiquité était utilisée pour encenser les palais des empereurs de Cataï ou Cathay (ancien nom de la Chine), mais également pour ses vertus médicinales. C'est une épice très populaire en Chine, au Japon, où l'on utilise les feuilles, et dans le nord de l'Inde dans les régions himalayennes. Elle est rarement utilisée pour les cuissons, mais ajoutée sur le plat avant de servir.
Sa saveur est légèrement piquante et acide, anisée, boisée, fleurie, parfumée de notes de peau d'orange, de griotte, d'herbes aromatiques et légèrement mentholée. C'est une épice douce et longue en bouche, mais au pouvoir électrifiant et anesthésiant sur la langue, les lèvres et le palais.

QUELQUES PROCHES PARENTS

D'autres baies de la famille des rutacées sont utilisées en cuisine comme *Zanthoxylum rhetsa*. Celui-ci est appelé tirphal en Inde, où il pousse à l'état spontané dans les forêts tropicales de l'ouest du pays, dans les États de Maharashtra et du Karnataka.
Les baies, de même apparence que les précédentes, mais de couleur brune et parfois noire, sont séchées au soleil après la cueillette qui a lieu en automne. L'impression en bouche est identique, mais avec un peu plus de puissance et d'amertume. Elles sont consommées uniquement sur les zones de collecte, avec les féculents, dont elles facilitent la digestion, ou pour l'aromatisation de la bière de riz.
– *Zanthoxylum planispinum*, appelé clavalier épineux, produit des baies très proches des baies de Séchuan, mais légèrement plus citronnées. Cette épice est seulement connue de quelques botanistes gourmands.
– *Zanthoxylum nitidum*, ou clavalier à feuilles luisantes. Les baies de cet arbre sont utilisées en Indochine.
– *Zanthoxylum bungei*, le clavalier de Bunge, produit des baies très prisées des Chinois.
– *Zanthoxylum schinifolium*, le clavalier à feuilles de Schinus, donne des baies à saveur poivrée qui sont utilisées en Chine et au Japon.

LES COULEURS DU SÉCHUAN

Les baies de Séchuan sont parfois de couleurs différentes, il s'agit en fait de variétés diverses, dont les principales sont :
Zanthoxylum schinifolium, de couleur verte.
Zanthoxylum alatum, brun rouge foncé.
Zanthoxylum acanthopodium, aux petits grains brun foncé.
Zanthoxylum rhetsa, gris noir.
Zanthoxylum piperitum, lie-de-vin et gris foncé.

LE « POIVRE » ROSE

Schinus terebinthifolius ou *Schinus terebinthifolia*

Ses noms vernaculaires sont nombreux : poivre rose, faux poivre rose, faux-poivrier, poivre d'Amérique, poivre marron, poivre du Pérou, poivre de Bourbon, poivre de la Réunion, poivre brésilien, poivrier du Brésil, poivrier marron, poivrier rose, poivre rose de Bourbon, sorbier, encens, café de Chine et parfois poivre rouge, quand il est confondu avec le vrai poivre à l'état mature. On l'appelle communément « poivre » rose ou baies roses.

CI-CONTRE : LA RÉCOLTE PRÊTE À ÊTRE SÉCHÉE (INDE)

Cette épice, appartenant à la famille botanique des anacardiacées, est originaire du Brésil et son parent proche, *Schinus molle*, est également originaire d'Amérique du Sud et vraisemblablement du Pérou.
Les principaux pays producteurs sont la Réunion, le Brésil, Madagascar, Mayotte et la Guyane.
L'arbre a été introduit en Floride, où il pousse aujourd'hui à l'état sauvage.
Il s'agit d'un arbre élégant et décoratif, parent du lentisque et planté le long des rues sur tout le pourtour méditerranéen. Ses grappes de fruits deviennent rouges à maturité.
Son apparition dans notre cuisine est très récente. Jusque-là, ces baies souffraient d'une mauvaise réputation, certainement liée à leur couleur rouge souvent synonyme de danger et de poison, et n'étaient pas consommées. Il faut tout de même savoir qu'elles sont indigestes et que, consommées en quantité, elles deviennent toxiques.
Elles ont fait une entrée en force dans nos cuisines avec la vague de la Nouvelle cuisine, et elles sont malheureusement omniprésentes dans tous les mélanges de « poivres ». Je suis une fois de plus obligé de me répéter, évitez les mélanges.
Cette épice est très aromatique, elle a une saveur sucrée, très fruitée, anisée et poivrée, légèrement piquante et amère, avec un goût résineux et une âcreté assez marquée. Ces baies sont très décoratives et du plus bel effet sur une assiette.
La fine pellicule coralline étant très fragile, cette baie doit être utilisée en assaisonnement, entière de préférence ou pilée au mortier, car elle est peu compatible avec les moulins.
Elle ne supporte pas les cuissons à l'exception de cuissons très douces du genre papillote, pas plus que l'acidité.

LE « POIVRE » DE LA JAMAÏQUE

Pimenta officinalis ou *Pimenta dioica* ou *Eugenia pimenta*

Cette épice est appelée couramment et improprement, « poivre » de la Jamaïque ou « piment » de la Jamaïque, mais n'appartient à aucune de ces deux familles. Il est plus judicieux de l'appeler « toute épice », car son odeur évoque les quatre principales épices (cannelle, girofle, muscade et poivre). On la nomme également bois d'Inde, poivre ou piment du Mexique, ou amome.
Ce grand arbre originaire d'Amérique tropicale, dans la région des Antilles, appartient à la famille botanique des myrtacées. Il se trouve à l'état sauvage aux Antilles, en Amérique centrale et dans la partie septentrionale de l'Amérique du Sud. Il est principalement cultivé à la Jamaïque et dans les zones tropicales d'Amérique, Guatemala, Honduras, Mexique. Appelé aussi myrte-piment, pouvant atteindre dix mètres de haut et parfois actif jusqu'à cent ans, il se pare de jolies fleurs blanches de juin à août, qui se transforment en baies rondes, de la grosseur d'un petit pois et rougissent à maturité. Tout comme pour le poivre, les baies sont cueillies avant maturité et séchées au soleil, ce qui leur donne une élégante couleur brune.
Plusieurs tentatives de plantation hors de la zone d'origine sont restées infructueuses. Les Anglais ont essayé en Inde, l'expérience a également été tentée sans succès au Sri Lanka, en Malaisie et en Australie.
L'épice, rapportée pour la première fois en Europe par Hernan Cortés en 1519, a été baptisée improprement « poivre » de la Jamaïque, par méconnaissance botanique certes, mais aussi pour d'évidentes raisons lucratives :

toute baie à saveur poivrée était baptisée du nom poivre. En la faisant passer pour la « chère épice », on la vendait au même prix que celle-ci. Sa saveur est chaude et piquante, très épicée, on y trouve des notes de cannelle, de girofle, une subtile touche de muscade et le poivre est très marqué (d'où le nom de quatre-épices qu'on lui donne parfois).
Les Mayas l'utilisaient pour embaumer leurs morts. Aujourd'hui, le « poivre » de la Jamaïque est très courant dans la cuisine antillaise avec les poissons et dans les délicieux petits boudins. Il est utilisé en pâtisserie pour la confection de certains biscuits, entre dans la composition du ketchup (lequel est une très vieille invention des Chinois et peut être de très grande qualité, lorsqu'il ne s'agit pas du produit américain industrialisé et saturé de sucre et d'arômes artificiels, que vous connaissez tous, malheureusement), ainsi que dans celle de la bénédictine et de la chartreuse.

LE « POIVRE » DE GUINÉE OU MANIGUETTE

Afromomum melegueta ou *Amomum melegueta*

Appelée également graine de paradis, poivre de Guinée, poivre d'Afrique, malaguette ou malaquette, cette épice appartient à la famille des zingibéracées, comme le gingembre, le curcuma ou la cardamome.
Elle est originaire de la côte occidentale de l'Afrique, de la Guinée au Congo, appelée côte malaguette. On la cultive aujourd'hui au Ghana, en Côte d'Ivoire, au Togo, au Bénin, au Nigeria et en Sierra Leone. La maniguette est une plante vivace d'un mètre de haut. Vers l'âge de trois ou quatre ans apparaît une fleur jaune et rouge carmin à pétale unique qui donne un fruit qui est en fait une grosse capsule contenant de nombreuses graines pyramidales. Cette capsule sèche ressemble à celle du pavot.

SÉCHAGE DU POIVRE DANS UNE « GRANDE MAISON » SUR L'ÎLE DE BORNÉO

L'histoire de cette épice est liée à celle du poivre. Elle apparaît pour la première fois en Europe, à Trévise en 1214, on trouve ensuite sa trace à Lyon, en 1245, dans une liste d'épices, puis plus tard, en 1331, à Montpellier et à Nîmes. Au début du XIVe siècle, les Normands la découvrent lors de leurs expéditions en Suède, les marins de ce pays l'ayant rapportée des côtes africaines occidentales atteintes dans le plus grand secret. Les marins de Dieppe approvisionnent la Bretagne après avoir découvert les côtes occidentales africaines, la côte malaguette et ce, une cinquantaine d'années avant les Portugais, gardant cette découverte secrète pour préserver leur monopole de vente de cette épice. Le mystère est savamment entretenu et cette graine est nommée « graine de paradis » par les marchands vénitiens. Le botaniste allemand Karl Moritz Schumann (1851-1904) se permettra même d'officialiser l'appellation en la nommant *Afromomum granum paradisii*. En Europe, jusqu'au XVIe siècle, elle remplace souvent le poivre, lorsqu'il est absent ou devenu trop cher.

Aujourd'hui, elle est essentiellement consommée en Afrique, pour relever les plats et en particulier le mouton et les légumes. Elle entre dans l'élaboration du ras-el-hanout au Maroc et dans la composition des cinq épices tunisiennes *qâlat daqqa*. Elle est également utilisée lors des rituels vaudous.

Sa saveur acide, âcre et épicée, est moins piquante et moins brûlante que le poivre. Elle se rapproche de la cardamome, mais elle est moins camphrée.

LE « POIVRE » DE SELIM

Xylopia aethiopica

Également appelé poivre de Guinée, kili, poivre de Sénégal, poivre d'Éthiopie, poivre de Sedhiou, poivre des Diolas, poivre des Ouhleou, poivre des Wolofs, piment noir de Guinée ou graines de Selim, noir de Guinée, cette épice est originaire de la côte ouest de l'Afrique, Sénégal, Togo et Angola, mais on en trouve aussi au Ghana et en Éthiopie. Elle appartient à la famille des annonacées.

Le petit arbre de 4 ou 5 mètres de haut produit des fleurs groupées, de couleur jaune vert, donnant naissance à de petits fruits longs et étroits, comme des mini-haricots. Chaque anneau contient une graine noire à la saveur légèrement amère et piquante, aromatique et assez proche du poivre, qui est très appréciée en Afrique occidentale.

La graine a un goût musqué aux notes poivrées évoquant le cubèbe, avec l'astringence et l'âcreté du curcuma et du gingembre. On peut percevoir quelques notes épicées évoquant la noix de muscade.

SÉCHAGE EN PLEIN CHAMP (INDE)

Cette baie, sans parenté botanique avec le poivre, s'utilise comme celui-ci. Il faut concasser, râper ou moudre le haricot entier, qui contient les graines. Au Sénégal, il est mixé avec le café, qui ainsi aromatisé prend le nom de « café touba ». On trouve en Amérique du Sud un parent proche, *Xylopia aromatica*.

LE « POIVRE » DE TASMANIE, « POIVRE » DES ABORIGÈNES D'AUSTRALIE

Tasmannia lanceolata ou *Drimys lanceolata*

Appelé poivre de Tasmanie, poivre de montagne ou poivre indigène, cette épice originaire d'Océanie n'a aucun lien de parenté botanique avec le poivre. Elle appartient à la famille botanique des winteracées. Cet arbuste pousse essentiellement en Australie. Les graines, à l'instar du poivre noir, sont simplement séchées après la récolte.

Les baies d'un noir profond, évoquant de mini-truffes, sont parfumées avec des notes extrêmement subtiles, à la fois fraîches et chaudes, de myrte, de plante aromatique. Les odeurs de laurier et de girofle sont dominantes, on trouve des notes très prononcées de noix verte et un parfum floral, évoquant certains géraniums odorants.

Le goût est doux, le piquant n'est pas immédiat, il se développe en bouche, accompagné d'une touche amère et d'un léger effet anesthésiant. Il laisse un palais très frais et fruité, un goût de girofle avec des notes de fruits noirs, myrtille et cassis et des relents de genièvre.

Les baies colorent les aliments en bleu-violet.

Ces baies existent également sous forme lyophilisée et sont absolument étonnantes. On utilise aussi les graines rôties et moulues, à l'étonnant parfum de chocolat, café et praliné, ainsi que les feuilles moulues au surprenant parfum de verveine, citronnelle et citron. Ce sont de pures merveilles, extrêmement rares. N'hésitez pas si vous en trouvez.

LA « POIVRETTE » OU NIGELLE

Nigella damascena ou *Nigella sativa*

Cette épice est elle aussi dotée de nombreux noms vernaculaires : nielle, toutes épices, cumin noir, quatre-épices, araignée, pâtes d'araignée, cheveux-de-vénus, herbe des capucins, poivrette, herbe aux épices, curry méditerranéen. Elle appartient à la famille botanique des renonculacées. La nigelle de Damas est originaire de Turquie et on la trouve dans tout le bassin méditerranéen. Il ne faut pas la confondre avec la variété noire du cumin (*Cuminum cyminum*).

Nigella damascena est une variété poussant à l'état spontané, *Nigella sativa* est cultivée. C'est une plante herbacée que l'on trouve dans nos jardins pour ses fleurs ornementales. Elle est cultivée en Turquie, en Égypte, au Maroc et surtout en Inde pour ses graines noires contenues dans une capsule rappelant celle du pavot.

La saveur de ces graines est chaude et légèrement piquante, âcre, avec une dominante herbacée comme la carotte et l'origan, légèrement camphrée, mentholée et anisée, avec une touche de citron et des notes poivrées très marquées. Dans les souks marocains, on vous fera sentir la nigelle dans un morceau de tissu frotté et chauffé. Ce « Vicks berbère » est d'une incroyable efficacité pour déboucher les voies nasales.

LES PAYS PRODUCTEURS

Aujourd'hui, on cultive le poivre dans de nombreux pays de la ceinture tropicale, dans des pays chauds et dans des zones soumises à une forte pluviométrie. En Inde, bien sûr, mais aussi dans tout le Sud-Est asiatique et plus particulièrement en Indonésie, en Malaisie, au Vietnam et au Cambodge. Dans ce dernier pays, la culture traditionnelle, qui avait été quasiment abandonnée durant les années de dictature rouge, a redemarré sous l'impulsion d'un Français, Jérôme Benezech. Il a regroupé la majorité des fermiers dans une coopérative, baptisée Farmlink, et suivi à la lettre mes conseils pour obtenir des poivres d'une qualité exceptionnelle. Le poivre est aussi cultivé en Afrique de l'Ouest, au Cameroun, à Madagascar et en Amérique latine (dont le plus gros producteur est le Brésil), en Équateur et au Costa Rica. Mais encore dans des contrées lointaines comme la Papouasie, la Micronésie ou la Nouvelle-Guinée.

LES POIVRES VERT, NOIR, BLANC ET ROUGE SONT TOUS ISSUS DE LA MÊME PLANTE :

Afrique : essentiellement dans l'ouest du continent, le **Cameroun** étant le plus gros producteur. On en trouve également au **Gabon** dans la région d'Athané-Boué et en **République centrafricaine**.
Brésil : dans l'état de Para, où il s'agit de plantations récentes, datant de 1930, et où l'exportation remonte à 1957.
Cambodge : dans la région de Kampot, au sud du pays.
Inde : essentiellement dans le Kérala, sur la côte de Malabar au sud-ouest du pays, avec quelques enclaves dans le Karnataka et le Tamil Nadu et des extensions en Assam et à l'ouest du Bengale.
Indonésie : au sud de Sumatra dans la région de Lampung et un peu sur Java.
Madagascar : sur la côte nord-ouest dans les régions de Nosi-Bé et de Sambirano et sur la côte est, de Sambava à Farafangana.
Malaisie : au Sarawak, partie malaise de Bornéo, où il a été implanté au XIXe siècle.
Vietnam : les plants de caféiers ont été arrachés pour laisser place à des poivriers. Ce pays est devenu le plus gros producteur du monde.
Ces pays sont les principaux producteurs, mais on trouve aussi du poivre dans les pays suivants : Philippines, Chine, Thaïlande, Cambodge, Sri Lanka, Costa Rica, Équateur, Papouasie, Micronésie, Nouvelle Guinée, Australie…

POIVRE CUBÈBE

Indonésie : centre de Java, île de Madura, Moluques, Célèbes et Bornéo.

POIVRE LONG

Indonésie : sur les mêmes zones que le cubèbe, mais aussi en **Inde**, dans l'État du Bengale dont il est originaire.

VOATSIPERIFERY

Madagascar : d'autres poivres sauvages sont en cours d'identification sur l'île suite à mes recherches, mais rien n'a encore abouti à ce jour…

LES RENDEMENTS

Les rendements sont très variables, allant de 250 kg à 850 kg à l'hectare en Inde et en Indonésie, et jusqu'à près de quatre tonnes dans certains pays productivistes ! (source Cnuced, 2002).

Il est dommage de constater que, dans ce domaine comme dans d'autres, les « progrès » s'évaluent en termes de productivité et non de qualité. La reproduction se fait soit par semis, soit par bouturage, cette dernière solution étant la plus utilisée car la plus rapide. La récolte peut s'étaler sur plusieurs mois, à des dates différentes selon les pays, et on voit même dans certains pays et selon les années jusqu'à deux récoltes par an.
On trouve différents types de culture : la culture de case, autour de la maison, surtout en Inde où la maigre récolte est vendue à un collecteur, la culture de plein champ sur tuteur mort, la culture sur tuteur vivant avec des plantations de taille très variable et la culture industrielle et à gros rendement que l'on trouve surtout à Madagascar, au Brésil et désormais au Vietnam. Dans les plantations de petite taille, on utilise des engrais naturels (déchets de poissons, crustacés et fumier), mais dans les grandes exploitations, les quelques sociétés géantes qui polluent la planète sévissent avec leurs fertilisants, pesticides et engrais chimiques, utilisés avec excès.

CLASSIFICATION QUALITATIVE DANS LES PAYS PRODUCTEURS

Certains pays en sont dépourvus et l'on utilise parfois les classifications existant dans d'autres pays. C'est le cas au Vietnam, pays où les Indiens sont très actifs dans ce commerce. On trouve du VGSEB (*Vietnam Garbled Super Extra Bold*) pour le poivre noir de Saïgon, à l'instar du TGSEB indien (*Tellicherry Garbled Super Extra Bold*).
Ces classements sont effectués à partir des critères suivants : diamètre des baies, pourcentage de matières étrangères, pourcentage de baies légères, pourcentage de poussière et résidus de péricarpe poivrés, couleur, taux d'humidité, densité...

La classification se fait par ordre décroissant de qualité, du meilleur au plus ordinaire.

INDONÉSIE

Poivre noir : *asta, faq.*
Poivre blanc : *hand pick, superior, faq.*
Poivre long : grade 1, grade 2.

INDE

Poivre noir :
Tgseb : *tellichery garbled special extra bold* ; tgeb : *tellicherry garbled extra bold* ; mg1 : *malabar garbled grade 1* ; mug : *malabar ungarbled* et un standard d'exception que j'ai créé et baptisé « *kappad* ».

MADAGASCAR

Poivre noir : Pn : poivre noir, pl : poivre léger.

MALAISIE

Poivre blanc :
Sarawak creamy white pepper, cream label : standard malaysian white pepper n1, green label : sarawak special white, blue label : sarawak faq white, orange label : sarawak field white, grey label : sarawak coarse field white.
Poivre noir :
Sarawak naturally clean black pepper, brown label : standard malaysia black pepper n1, yellow label : sarawak special black, black label : sarawak faq black, purple label : sarawak field black, grey label : sarawak coarse field black.

LEXIQUE DES NOMS D'ÉPICES CONTENANT LE TERME POIVRE ET LEUR CORRESPONDANCE BOTANIQUE

Voici une liste de noms vernaculaires d'épices ou de graines comportant le mot « poivre », et leur correspondance botanique. Il peut s'agir de membres de la grande famille des pipéracées, mais dans la plupart des cas ils sont baptisés improprement « poivre », simplement à cause de leur saveur piquante. Seules les épices issues de pipéracées devraient pouvoir s'appeler poivre. Cette liste n'est pas exhaustive et parfois même un peu floue, car le même nom peut désigner différentes baies, et l'orthographe peut varier suivant les régions et les pays.

Arbre au poivre : **1.** (ou agneau chaste ou gattilier ou poivre des moines) Vitex agnus-castus. **2.** *Piper sarmentosum.*

Arbre de poivre ou Schine : Schinus terebenthifolius ou *Schinus molle.*

Bois de poivre : *Zanthoxylum heterophyllum*, famille des rutacées.

Cubèbe de Guinée : *Piper guineense.*

Faux cubèbe : *Piper guineense.*

Faux poivre (voir poivre rose) : *Schinus terebenthifolius.*

Faux poivre rose (voir poivre rose) : *Schinus terebenthifolius.*

Herbe poivrée : cresson aliénois.

Lingue poivre : *Piper pyrifolium* de l'île de la Réunion. Appelée aussi poivre liane.

Petit poivre : **1.** Vitex agnus-castus (voir arbre au poivre). **2.** orpin réfléchi.

Poivre des Achantis (Ashantis) ou poivre de Kissi : *Piper guineense.*

Poivre africain : Afromomum meleguetta : *maniguette.*

Poivre d'Afrique : *Afromomum meleguetta : maniguette.*

Poivre d'Alep : mélange d'épices : poivre noir, girofle, muscade, cardamome.

Poivre ambré (voir poivre de Bergerac).

Poivre d'Amérique (voir poivre rose) : *Schinus terebenthifolius.*

Poivre d'âne : sarriette.

Poivre anisé : **1.** *Zanthoxylum Piperitum* (voir poivre de Szechuan). **2.** *Piper anisatum.*

Poivre aromatique (voir poivre de la Jamaïque) : *Pimenta officinalis.*

CI-CONTRE : **TRI À LA PINCE À ÉPILER DE MON POIVRE « HAUTE COUTURE » AU CAMBODGE**

Poivre des Ashantis (voir poivre des Achantis).

Poivre d'Australie : *Piper rothianum.*

Poivre d'Auvergne : fromage aussi appelé bougnat aromatisé au poivre noir.

Poivre balinais (voir poivre long) : *Piper longum.*

Poivre du Bengale (voir poivre long) : *Piper longum.*

Poivre du Bénin : *Piper guineense.*

Poivre de Bergerac : également appelé poivre ambré. Il s'agit d'une falsification faite de poivre, de coriandre et d'essence d'ambre.

Poivre de Bourbon (voir poivre rose) : *Schinus terebenthifolius.*

Poivre brésilien (voir poivre rose) : *Schinus terebenthifolius.*

Poivre brun d'Amazonie : *Piper nigrum* de cette région géographique.

Poivre de Calicut : *Capsicum frutescens.*

Poivre du Cambodge : *Piper nigrum* originaire du Cambodge, également appelé poivre de Kampot.

Poivre de Cayenne : *Capsicum frutescens.*

Poivre des Célèbes : *Piper ornatum.*

Poivre chinois (voir poivre de Szechuan) : *Zanthoxylum piperitum.*

Poivre créole : mélange d'épices : poivre noir, poivre blanc, poivre vert, baies roses de Jamaïque.

Poivre cubèbe (voir poivre à queue) : *Piper cubeba* ou *Cubeba officinalis.*

Poivre de Diar : (voir poivre d'Éthiopie) : Xylopia aethiopica.

Poivre dijonnais : mélange de poivre noir et de poudre de moutarde.

Poivre de Diolas (voir poivre d'Éthiopie) : *Xylopia aethiopica.*

Poivre Dorrigo (voir poivre de Tasmanie) : Tasmannia lanceolata.

Poivre d'eau ou élatine ou maceron ou renouée âcre : Elatine hydropiper.

Poivre enivrant ou awa ou kawa ou kava-kava : Piper methysticum.

Poivre d'érable, utilisé dans le Vermont (USA), n'appartient pas à la famille *Piper.*

Poivre d'Espagne : **1.** poivre long ou piment doux ou poivron : Capsicum. **2.** paprika.

Poivre d'Éthiopie ou poivre de Zanzibar ou poivre de Sedhiou ou Kili ou Lélé ou Xylopie d'Éthiopie ou piment noir de Guinée : *Xylopia aethiopica* ou *Xylopia aromatica* ou *Uvaria aethiopica.*

Poivre faux ou poivre de la Réunion ou faux poivre rose ou poivre de Bourbon ou poivre rose de Bourbon ou poivrier du Brésil ou poivrier marron ou poivre marron ou poivre brésilien ou poivrier rose ou sorbier ou encens ou café de Chine : Schinus terebenthifolius.

Poivre fleur (voir poivre de Szechuan) : *Zanthoxylum piperitum.*

Poivre giroflée : *Pimenta acris* et aussi piment de la Jamaïque ou quatre épices ou poivre aromatique ou toute épice : *Pimenta officinalis* ou *Pimenta doica* ou *Eugénia pimenta.*

Poivre grateau : poivre concassé de mauvaise qualité.

Poivre de Guinée : **1.** (ou poivre d'Inde ou piment capsique ou corail des jardins) *Capsicum annuum.* **2.** (ou grains de paradis ou maniguette ou malaguette ou poivre d'Afrique) *Afromomum meleguetta.* **3.** *Piper* *guineensis* ou *Piper clusii*. **4.** poivre de Selim : *Xylopia aethiopica.*

Poivre d'Inde (voir poivre de Guinée) ou poivre long : *Capsicum annuum.*

Poivre indigène ou poivre de Tasmanie ou poivre de montagne : *Tasmannia lanceolata.*

Poivre des Indonésiens : cubèbe (voir poivre à queue) : *Piper cubeba* ou *Cubeba officinalis.*

Poivre intoxiquant : *Piper methysticum ou kava.*

Poivre de la Jamaïque ou poivre Jamaïque ou Amomi ou piment de la Jamaïque ou quatre épices ou poivre aromatique ou toute épice : *Pimenta officinalis* ou *Pimenta doica* ou *Eugénia pimenta.*

Poivre de Jaborandi (voir poivre long) : *Piper longum.*

Poivre du Japon (voir poivre de Szechuan) : *Zanthoxylum piperitum.*

Poivre jaune : désigne le curry dans certains pays africains.

Poivre jaunet : nom d'une sauce ne contenant pas de poivre, mais du safran et du gingembre.

Poivre de Java (voir poivre à queue) : Piper cubeba.

Poivre de Kampot : Piper nigrum originaire du Cambodge.

Poivre kari : curry (mélange d'épices en poudre).

Poivre du Kissi : cubèbe. *Piper guineense* est parfois appelé ainsi.

Poivre liane (voir Lingue poivre).

Poivre Lindi : poivre long : *Piper longum.*

Poivre long : **1.** la gousse à l'intérieur d'un cornichon. **2.** (ou poivre balinais ou poivre du Bengale ou poivre de Jaborandi ou poivre long de Java) : *Piper longum* ou *Piper retrofactum.* **3.** (ou poivre d'Inde ou piment long ou mignonnette) : *Capsicum annuum.*

Poivre long de Java (voir poivre long) : *Piper longum.*

Poivre de La Rochelle : poivre falsifié fait avec de la coriandre, des baies de genièvre et des graines de moutarde.

Poivre des marais : *Cochlearia officinalis,* plante au goût piquant qui évoque d'avantage le raifort ou le wasabi que le poivre.

Poivre marron (voir poivre rose) : Schinus terebenthifolius.

Poivre mexicain : *Piper auritum.*

Poivre du Mexique ou piment du Mexique (voir poivre de Jamaïque) : *Pimenta officinalis.*

Poivre mignonnet : poivre blanc.

Poivre mignonnette : poivre concassé.

Poivre des moines : **1.** (voir arbre au poivre) Vitex agnus-castus. **2.** orpin réfléchi.

Poivre de montagne (voir poivre de Tasmanie) : *Tasmannia lanceolata.*

Poivre de muraille ou poivre des murailles ou orpin brûlant ou pain d'oiseau ou petite joubarbe ou vermiculaire acre ou orpin blanc ou orpin acre ou orpin réfléchi : *Sedum acre.*

Poivre de Natal : poivre noir provenant du Brésil dans la région de Natal, *Piper nigrum.*

Poivre du Népal : poudre d'un poivron jaune utilisée en Inde et au Népal.

Poivre des Ouhleou (voir poivre d'Éthiopie) : *Xylopia aethiopica.*

Poivre du Pérou : **1.** (voir poivre rose) Schinus terebenthifolius. **2.** capucine.

Poivre petit (voir arbre au poivre) : Vitex agnus-castus.

Poivre piquant : *Piper mina.*

Poivre de Pondichéry (marque commerciale) : poivre rouge séché *: Piper nigrum.*

Poivre à queue ou cubèbe ou embèbe ou cubèche ou poivre de Java ou poivre du Kissi : *Piper cubeba* ou *Cubeba officinalis.*

Poivre de la Réunion (voir poivre rose) : Schinus terebenthifolius.

Poivre rose ou poivre rosé ou poivre rouge ou poivre d'Amérique ou poivre du Pérou ou faux poivre ou poivrier.

Poivre rose de Bourbon (voir poivre rose) : Schinus terebenthifolius.

Poivre rouge : **1.** poivre rouge séché : *Piper nigrum.* **2.** (voir poivre rose) : Schinus terebenthifolius. **3.** *Capsicum frutescens.* **4.** ou bipergorria en basque : poudre de piment, correspond au pimenton espagnol.

Poivre rouge chinois : ou Sichuan ou *Zanthoxylum Piperitum.*

Poivre sauvage : **1.** (voir arbre au poivre) : Vitex agnus-castus. **2.** orpin réfléchi.

Poivre de Sedhiou (voir poivre d'Éthiopie) : *Xylopia aethiopica.*

Poivre de Selim ou poivre de Guinée ou piment noir de guinée ou kili ou poivre de Sénegal ou graines de Selim : *Xylopia aethiopica.*

Poivre du Sénégal (voir poivre d'Éthiopie) : *Xylopia aethiopica.*

Poivre de Singapour : poivre blanc.

Poivre de singe : *Piper ethiopicum.*

Poivre de Szechuan ou Sechouan ou Sichuan ou Se Tchouan ou setchuan ou poivre chinois ou Sansho ou fagara ou clavalier ou poivre anisé ou poivre du Japon : *Zanthoxylum piperitum.*

Poivre de Tasmanie ou poivre de montagne : *Tasmannia lanceolata.*

Poivre tropical : mélange de poivres et de baies à saveur poivrée.

Poivre des Wolofs : (voir poivre d'Éthiopie) : *Xylopia aethiopica.*

Poivre de Zanzibar (voir poivre d'Éthiopie) : *Xylopia aethiopica.*

Poivré : *Lactarius piperatus*, champignon comestible mais médiocre.

Poivrette ou nigelle ou nelle ou pattes d'araignée ou herbe des capucins ou toute épice ou cumin noir ou quatre épices ou araignée ou cheveux-de-vénus ou herbe aux épices ou curry méditerranéen : *Nigella damascena* (sauvage) ou *Nigella sativa* (cultivée) ou *Nigella arvensis.* Ce nom est parfois donné à la sarriette, appelée aussi « *pebre d'ai* » en provençal ce qui signifie « poivre d'âne ».

Poivrier bétel ou bétel ou bétel tamboul : *Piper bétel.*

Poivrier du Brésil (voir poivre rose) : Schinus terebenthifolius.

Poivrier faux (voir poivre rose) : Schinus terebenthifolius.

Poivrier long : *Piper guineensiis.*

Poivrier marron (voir poivre rose) : Schinus terebenthifolius.

Poivrier rose (voir poivre rose) : Schinus terebenthifolius.

Poivrier sauvage : *Piper borbonense* ou voatsiperifery de Madagascar. Également appelé bétel marron, cubèbe de pays (sur l'île Maurice), ou bétalle.

CI-CONTRE : ASSORTIMENT DE POIVRES ET FAUX-POIVRES

« Je ne cherche pas midi à quatorze heures. La truffe, par exemple,
je me contente d'huile d'olive, d'un peu de sel et de beaucoup de poivre… »

Jean Giono, *L'Iris de Suze*.

CÔTÉ CUISINE

LES UTILISATIONS DU POIVRE

Bien sûr, on pense immédiatement à l'usage gastronomique, mais le poivre, comme beaucoup d'autres épices, est destiné à la fabrication d'huiles essentielles utilisées par les industries pharmaceutiques, cosmétiques, chimiques et agroalimentaires. On le retrouve dans les biscuits, les bonbons, dans certaines boissons (y compris un soda très célèbre que je vous déconseille de boire), dans les parfums, eaux de toilette et lotions après-rasage, dans les médicaments et dans la composition secrète de certaines liqueurs.
Certaines transformations permettent l'extraction d'oléorésine, utilisée comme agent de saveur par l'industrie agroalimentaire, parfois en pharmacologie et assez rarement en parfumerie.
C'est également un excellent antimite que l'on emploie en Orient pour protéger les tapis et les étoffes rares emballées. Les fourreurs en font également usage pour protéger leur précieuse marchandise. On l'utilisait traditionnellement en Provence, pour parfumer et protéger les armoires des intrus « tissuvores », mais cet usage s'est perdu au profit de produits chimiques.

SES VERTUS

Le poivre possède de nombreuses vertus, il est apéritif, diurétique, antimicrobien, fébrifuge, antitoxique, analgésique et antiseptique. Il stimule l'estomac et facilite la digestion par son action enzymatique, provoque la sécrétion de salive, mais il peut être dangereux à forte dose, d'autant plus qu'il a la réputation d'être aphrodisiaque. Il a la fausse réputation d'être sternutatoire, mais seuls les mauvais poivres chargés de poussières font éternuer.

QUELQUES REMÈDES DE BONNE FEMME

Pour combattre la fièvre, boire de l'huile d'olive avec du poivre.
Pour nettoyer un œil purulent, le laver avec de l'eau de rose et du poivre moulu.
Pour arrêter les saignements, mettre du poivre moulu sur la plaie.

CI-CONTRE : POIVRE BLANC

LA CUISINE DES ÉPICES (EN GÉNÉRAL) ET DES POIVRES (EN PARTICULIER)

Le qualificatif « épicé » est perçu de nos jours avec une connotation un peu péjorative, faisant allusion à une cuisine sommaire qui « emporte la bouche », dont les goûts sont masqués par l'excès d'épices.
Le vocabulaire joue souvent des tours, car on l'utilise par habitude, sans faire très attention à son sens premier.
La cuisine aux épices, c'est tout le contraire de cette caricature, c'est la cuisine de la subtilité, dans laquelle chaque produit a sa place et valorise les autres. Les épices dans un plat, c'est du relief, de la ponctuation, c'est aussi de l'imaginaire, du soleil, de l'exotisme... c'est une merveilleuse façon de voyager.
Portez davantage d'attention aux épices que vous utilisez et à la façon dont vous les employez, cessez d'agir machinalement, sans réflexion. Demandez-vous ce qui irait bien avec votre plat, ce qui lui apporterait une touche nouvelle, ce qui le valoriserait.
Je vais maintenant vous donner quelques conseils pour utiliser les poivres. Tout d'abord il faut apprendre à les acheter et à les conserver. Surtout, gardez à l'esprit que le poivre doit avoir une vraie place dans la recette, et non être ajouté machinalement. Il peut se marier avec les produits les plus nobles pour révéler toute leur saveur.

COMMENT CHOISIR SON POIVRE ?

Trouver un bon camembert, un poulet honnêtement nourri ou une tomate goûteuse n'est pas toujours facile, et s'apparente parfois à un véritable parcours du combattant, mais il existe des étiquettes pour s'y retrouver, des labels et appellations, qui sont là pour guider le consommateur, même si la clarté n'est pas forcément la qualité principale de l'affichage dans les magasins.
Mais comment faire pour acheter son poivre, sachant qu'en l'occurrence il n'y a ni label ni appellation pour ce genre de produit et que les étiquettes sont généralement dépourvues d'informations concernant l'origine et la fraîcheur du produit. Sauf chez les commerçants vraiment sérieux, l'origine du poivre que vous achetez n'est que rarement indiquée et aucun label de qualité n'existe en France pour les épices. Il existe seulement des normes phytosanitaires à respecter pour pouvoir les importer. Des indications géographiques protégées (IGP) ont été mises en place, mais ne sont qu'une garantie d'origine et en aucun cas un critère absolu de qualité.

CI-CONTRE : « POIVRE » DE JAMAÏQUE
(AMÉRIQUE TROPICALE)

Alors, à qui s'adresser ? La réponse est pourtant simple, il faut se rendre chez un spécialiste. Les « vrais épiciers » ayant disparu, l'épicerie fine ou, sur Internet, les sites spécialisés restent l'endroit le plus approprié pour faire ce genre d'achat. Il est très important d'acheter uniquement du poivre en grains et d'origine spécifiée.

Le poivre moulu n'est pas digne d'un véritable « épicier ». Il s'agit d'un produit piquant, à l'arôme de poussière, ce qui, vous en conviendrez, ne présente pas un grand intérêt en gastronomie. Sous cette forme, la porte à tous les abus est grande ouverte. Ce produit a généralement été obtenu par la mouture des plus mauvais grains, petits fruits peu aromatiques, que les grossistes et exportateurs appellent « pinheads », c'est-à-dire têtes d'épingle, baies creuses, détritus récupérés lors des différentes opérations de trituration, pédoncules, débris de péricarpe, corps étrangers et même les poussières poivrées, appelées P.D. *(Pepper dust)* par les professionnels. Tous ces produits se vendent et font même l'objet de cotations.

Achetez uniquement des poivres en grains et fuyez les lieux dans lesquels on trouve ces poudres ignobles. Choisissez des marchands sérieux, qui vendent des poivres d'origine, dans des emballages hermétiques. Les épices en vrac, dans des sacs ouverts aux quatre vents, c'est joli pour les cartes postales, mais ça doit servir uniquement à cela ! N'achetez jamais ces épices non conditionnées, ou alors seulement pour les mettre dans une coupelle dans vos toilettes, mais jamais, au grand jamais, dans votre cuisine.

Le grain doit être assez gros, aromatique, lourd et peu friable (sauf dans le cas de grains creux, comme le poivre vert lyophilisé, le cubèbe ou le poivre sauvage voatsiperifery), la couleur doit être flatteuse, allant du brun au noir en passant par des notes rouges pour les poivres noirs et de belles couleurs crème soutenue, sans tache, pour les poivres blancs, qui ne doivent pas comporter de grains sombres ou noirs. Un bon grain ne doit pas être poussiéreux, et il ne doit pas être accompagné de corps étrangers ou de déchets végétaux, Sentez-le puissamment, il doit être odorant, parfois même capiteux, comme le fabuleux Lampung aux effluves d'encens. N'hésitez pas à croquer un grain. Il doit avoir une certaine souplesse sous la dent, et la saveur doit être chaude mais pas brûlante, vive mais pas trop piquante. Elle doit être persistante et longue en bouche, et doit rester agréable. Trop de piquant, d'amertume ou une brûlure exagérée ne sont pas dignes d'un grand poivre.

Je compte désormais sur vous pour faire évoluer le cours des choses, posez des questions, les marchands sérieux sauront y répondre, évitez les autres.

ÉCHELLE GÉRARD VIVES, TOTALEMENT EMPIRIQUE ET SUBJECTIVE, DE L'INTENSITÉ DU PIQUANT DES POIVRES ET DES ÉPICES POIVRÉES

J'ai classé, de manière empirique, les poivres et les épices à saveur poivrée, sur une échelle du piquant allant de 1 à 10, sachant que le piment, roi incontesté du piquant se situerait au niveau 6 ou 7 pour le plus doux et irait bien au-delà du maximum de cette échelle, pour atteindre l'intensité au degré 20, pour les plus violents.

L'échelle de Scoville est la référence pour le piquant des piments, voici celle que j'ai établie de manière purement subjective, en me fiant à mon palais, il n'y a donc rien de scientifique dans ce classement.

Poivre noir Vietnam : 10	Poivre de Jamaïque : 6
Poivre noir « kappad » Inde : 10	Poivre de Selim : 6
Poivre rouge « Cambodia » : 10	Maniguette : 5
Poivres noirs : 8	Poivre à queue cubèbe : 4
Poivres blancs : 6/7	Poivre sauvage voatsiperifery : 4
Poivre de Tasmanie : 6/7	Poivre de Séchuan . 3
Poivre vert : 6	Nigelle : 3
Poivre long : 6	Baies roses : 1

COMMENT CONSERVER SON POIVRE ?

Le poivre en grains n'est pas un produit fragile, mais il réclame tout de même quelques attentions. Vous le conserverez sans problème, dans une boîte hermétique en métal ou en verre, à l'abri de l'humidité. Évitez les excès de chaleur. Il est inutile de stocker de grosses quantités d'épices, achetez-les régulièrement, au fur et à mesure de vos besoins. Si le poivre se conserve sans difficulté, il perd de ses qualités aromatiques avec le temps, il est donc inutile de le conserver plusieurs années.

COMMENT UTILISER LE POIVRE ?

CONSEILS PRÉLIMINAIRES

Évitez de mélanger les poivres dans votre moulin, c'est peut-être plaisant à l'œil mais sans grand intérêt. Il est dommage d'agir ainsi avec des produits de grande qualité ayant chacun une personnalité forte. Je pense qu'il ne vous viendrait pas à l'esprit de verser plusieurs vins dans votre verre ou de mélanger toutes vos belles huiles d'olives ? Alors pourquoi faire subir ce sort au poivre ?

Les essences aromatiques du poivre sont fragiles, évitez impérativement les cuissons violentes qui les font disparaître et rendent le grain âcre et amer. S'il ne s'agit pas d'une cuisson très douce, papillotes, mijotage ou bain-marie, préférez l'assaisonnement, directement à l'assiette, au moment de servir.

Utilisez-le moulu fraîchement avec une grosse mouture ou concassé dans un mortier.

Il est impératif d'obtenir une grosse mouture pour développer les arômes, les principes actifs « piquants » étant situés en périphérie de la baie, et les molécules aromatiques concentrées dans le cœur du grain, l'explosion du grain permet à ces dernières de s'exprimer. D'ailleurs, dans les recettes d'avant le XVIIIe siècle, il est toujours précisé d'ajouter « du poivre pilé »… Suivez cet ancien et judicieux conseil. Pour vos marinades, utilisez des grains grossièrement concassés, les grains entiers ne donnent pas d'arôme. Une mouture fine développera le piquant.

EN CUISINE

On lit souvent qu'au Moyen Âge le poivre était utilisé pour masquer le goût faisandé des aliments mal conservés. Or la viande n'était ni rare ni chère à cette époque, alors que le poivre l'était. Il y avait un véritable engouement pour les goûts puissants et en particulier pour celui du poivre, et son prix excessif ajoutait un attrait supplémentaire.

Le poivre a toujours servi à donner du relief aux mets, il ne doit pas être simplement un ingrédient ajouté par habitude mais un élément à part

entière, un acteur important de votre plat, et à l'instar de certains cuisiniers, n'hésitez pas à le mettre en vedette dans l'intitulé de vos recettes.
Aujourd'hui, on utilise en cuisine différentes huiles ou plusieurs vinaigres pour élargir la palette des saveurs ; pour les mêmes raisons utilisez plusieurs poivres et exigez toujours « le meilleur ».
Vous pouvez organiser une dégustation comparative, chez vous avec des amis, c'est ludique et convivial. Utilisez des poivres de variétés et d'origines différentes, moulus grossièrement sur de petites pommes de terre chaudes ou sur des tartines de pain chaud beurré – ainsi les arômes se développeront plus facilement – et vous distinguerez aisément les différentes saveurs. Si toutefois votre sensible palais était soumis à un quelconque embrasement, évitez les liquides, mangez plutôt un fruit frais, pomme ou orange, ou du yaourt et l'apaisement viendra immédiatement.
Le poivre est aujourd'hui l'épice la plus consommée dans le monde, alors n'attendez plus et piquez-vous au jeu.

LE POIVRE DANS LES CUISINES ASIATIQUES

Les pays asiatiques, producteurs, utilisent volontiers le piment dans leurs cuisines, mais ne négligent pas l'usage du poivre. L'Inde est le plus grand consommateur. Le poivre y est indispensable à la préparation des masalas (ou massalas), mélanges d'épices, dont les plus connus sont le *garam massala,* le *sambhar powder* du Tamil Nadu et le *kholombo powder* des Konkani Saraswats, habitants des États de Maharashtra, Karnataka et Goa.
On le trouve assez fréquemment dans les cuisines locales sur les lieux de production. Il est partout sur les marchés… et parfois dans des rayons où l'on ne s'attend pas à le trouver ! Il est très présent dans la cuisine indienne des chrétiens et des musulmans du Kérala, et notamment dans le *peppery chicken curry* (curry de poulet au poivre), le *peppery chick peas* (pois chiches au poivre), le *dhal and pepper broth* (dhal et bouillon poivré, également appelé par les Anglais *pepper water,* eau poivrée). La *pepper water* est aussi une soupe birmane, réalisée avec de nombreuses épices et du tamarin, le poivre noir y est majoritaire. On le trouve aussi dans les *shrimp with cracked pepper* (crevettes au poivre craquant), le *peppery stir-fried lamb* (agneau frit au poivre), les *mushroom pepper fry* (champignons frits au poivre), ou les *peppery papadom* (galettes croustillantes au poivre).
La recette la plus célèbre est certainement le *mulligatawny.* Il s'agit d'une soupe de légumes à la tomate, très fortement poivrée. Ce qui semblerait être une création des Anglais est en fait une recette traditionnelle du Tamil Nadu, baptisée *milagu tannir,* dont le nom a été déformé et anglicisé.
On le trouve dans les recettes des différentes régions indiennes. Au nord, on l'utilise avec la viande ; à l'ouest, on le préfère avec les légumes ; à l'est, c'est avec les poissons qu'on le consomme, et dans le sud, il est associé aux plats à base de lentilles. Il est également présent dans certaines boissons comme le *spice tea,* thé épicé aux vertus digestives, avec de la cannelle, du girofle, de la cardamome. Au Pakistan, dans les régions montagneuses du nord du pays, on trouve une brochette de poulet cuite dans le *tandoor* (four vertical), appelée *kali mirchi kabab* (brochette au poivre noir).

CI-CONTRE : NIGELLE OU POIVRETTE
(BASSIN MÉDITERRANÉEN)

Au Cambodge, dans la région de Kampot, où se trouvent les plantations de poivriers, la cuisine khmère utilise volontiers le poivre vert frais, en particulier dans des plats de poulpe ou de seiche. En Malaisie, on l'utilise pour faire des sauces accompagnant la viande rouge, serait-ce l'ancêtre du steak au poivre ?
On confectionne également des bonbons, qui ne sont pas des « farces et attrapes ». Au Vietnam, on sert les légumes sautés avec un mélange étonnamment doux, mélange de poivre blanc moulu et sel. Aux Philippines, il est présent dans toutes les recettes héritées des Espagnols. En Thaïlande, dans le sud, on utilise volontiers le poivre noir, en particulier dans les seiches farcies au porc.
Au Laos, on cultive du poivre dans le sud et des herbes au nord. Dans la cuisine du Sud, on l'utilise de préférence vert dans différents potages.
Au Japon, pays où l'on privilégie le sansho (« poivre » de Séchuan), on trouve sa trace dans un vieux manuel destiné aux voyageurs. On leur conseillait de croquer une ou deux graines de poivre le matin, pour éviter les refroidissements du corps en hiver et se protéger des insolations en été.

LE POIVRE DANS LES AUTRES CUISINES DU MONDE

Le poivre est utilisé dans des recettes traditionnelles dans les pays non producteurs et il entre fréquemment dans la composition des mélanges d'épices.
En Éthiopie, le poivre noir remplace souvent le poivre des ashantis (*Piper guineense)* dans la cuisine berbère.
Au Maroc, il est indispensable pour la réalisation d'un assemblage appelé la *kamma*, utilisé dans les soupes. Le cubèbe entre dans la composition du fameux ras-el-hanout, à l'instar du poivre long.
Dans la cuisine persane, il est utilisé pour la réalisation d'un mélange nommé *advieh* et en Irak dans le *boharat.*
Le cubèbe est utilisé en Russie pour aromatiser la vodka Pertsovka et le poivre noir pour parfumer la vodka Oukranskaia.
Le *molho brasiliero,* sauce verte brésilienne, est réalisée avec des herbes, du poivre noir et du jus de lime.
Les Irlandais et les Écossais servent toujours le saumon fumé avec du poivre noir.
Certains fromages sont parfumés au poivre : le *vacheloo* en Belgique, ainsi qu'en Angleterre le *vulscombe*, le *slipcote* du Sussex et le *walda* qui, lui, est aromatisé au poivre vert. Toujours en Angleterre, un fromage de chèvre roulé dans du poivre est nommé *roubiliac.* En Irlande, on trouve le *kilshanny*, en Écosse le *ballindalloch* et le *saint finan's.* Au pays de Galles, c'est le *cadern* et le *pant-ys-gawn.*
En France, de nombreux fromages de chèvre, produits dans différentes régions, sont roulés dans du poivre concassé, comme la boulette de Cambrai et parfois le brie. Le bougnat est aussi appelé poivre d'Auvergne. Toujours en France, un mélange de sel et de poivre blanc se nomme « sel-épice ». En Hollande, on en trouve parfois dans l'edam ou le gouda.
En Italie, dans certains restaurants de Rome on trouve des *spaghettis cacio et pepe,* fromage et poivre. En Sicile, le *pecorino* et le *majocchino* contiennent des grains de poivre noir, comme les saucissons. Dans la région de Vérone, on fait toujours un plat de viandes bouillies accompagné d'une sauce très poivrée appelée *peara*, nom dérivé de *pepperata.*

CI-CONTRE : POIVRE VERT LYOPHILISÉ

LES POIVRES

« Ne jugez pas le grain de poivre d'après sa petite taille,
goûtez-le et vous sentirez comme il pique. »
Proverbe arabe

LA CUISINE AU POIVRE VERT

AVEC QUOI L'ASSOCIER ?

Il aime la compagnie du beurre et de la crème fraîche... Utilisez-le avec les viandes blanches, les volailles, les poissons gras, les poissons blancs pochés, la seiche, mais aussi dans les desserts avec les fruits rouges, la poire, l'ananas, les fruits exotiques, etc.

CRÈME DE COURGETTES

Pour 4 personnes

8 petites courgettes (ou 4 grosses)
20 cl de bouillon de volaille
Huile d'olive au fruité vert
1 cuillerée à soupe de poivre vert lyophilisé
Quelques branches de cerfeuil
4 morceaux de parmesan de la taille d'une noix

Débitez les courgettes en morceaux grossiers et faites-les cuire à la vapeur, mais pas trop : elles doivent rester vertes et légèrement fermes. Mixez avec le bouillon de volaille et dix centilitres d'huile d'olive.

Servez immédiatement, avec le parmesan réduit en éclats de la taille d'un grain de café, ajoutez le poivre vert réhydraté, mélangez délicatement et finissez avec un filet d'huile d'olive et des pluches de cerfeuil. Ne salez pas, le parmesan l'est déjà.

Si vous préférez servir cette entrée froide, remplacez le parmesan par du fromage de chèvre frais et le cerfeuil par du basilic. Dans ce cas, n'oubliez pas d'ajouter une pincée de fleur de sel.

PAGE 82 : POIVRE NOIR TELLICHERRY (CÔTE DE MALABAR, INDE)

SEICHES VERTES DE POIVRE

Pour 4 personnes
1 kg de petites seiches
1 cuillerée à soupe de graines de fenouil
2 gousses d'ail
1 oignon
2 feuilles de laurier
20 olives vertes cassées
2 cuillerées à soupe de câpres
4 cuillerées à soupe de poivre vert lyophilisé
Huile d'olive très verte

Mettez dans une casserole les petites seiches bien nettoyées et recouvrez avec de l'eau. Ajoutez les graines de fenouil, les gousses d'ail, l'oignon émincé et les feuilles de laurier qui donneront tout leur parfum à la cuisson. Aux premiers bouillons, baissez le feu et laissez cuire 45 minutes : les seiches doivent être tendres, sinon prolongez la cuisson.

Quand vous pensez que la texture est idéale, réservez les céphalopodes, passez le jus de cuisson au chinois et réduisez-le à feu vif pour l'épaissir. Il doit rester l'équivalent d'un verre du jus de cuisson et il doit avoir une texture nappante.

Mettez les seiches à réchauffer, ajoutez les olives vertes cassées si c'est la saison, ou bien des olives vertes à chair ferme (picholines ou lucques), les câpres au sel et le poivre vert lyophilisé que vous aurez préalablement réhydraté. Bien sûr, si vous trouvez du poivre frais en grappe, c'est encore mieux. Terminez par un filet d'huile d'olive très verte.

Vous accompagnerez ce plat simple avec une salade de fenouil et de petits artichauts violets, assaisonnée d'huile d'olive verte, de vinaigre balsamique et de quelques filets d'anchois ou d'une salade de roquette.

De simples seiches poêlées ou à la plancha, gratifiées d'un beurre au poivre vert, constituent un plat fabuleux.

COMME UN CRUMBLE D'ANANAS

Pour 4 personnes
1 ananas mûr et odorant
125 g de farine
50 g de sucre
50 g de beurre
1 cuillerée à soupe de beurre
1 cuillerée à soupe de cassonade
1 demi-citron vert
10 cl de jus de fruit de la passion ou un beau fruit de la passion
1 cuillerée à café de poivre vert lyophilisé

Pour la pâte à crumble, mélangez la farine, le sucre et le beurre. Passez-la à four moyen, à 180 °C (th. 6), pendant une dizaine de minutes, pour qu'elle prenne une belle couleur.

Découpez l'ananas et poêlez-le dans 1 cuillerée à soupe de beurre et la cassonade. Tournez-le afin qu'il dore des deux côtés.

Posez les tranches dans des ramequins, ou des assiettes creuses, dont le fond a été garni de la pâte à crumble. Déglacez la poêle avec le jus de citron vert et le jus de fruit de la passion, ajoutez les baies de poivre vert réhydratées et nappez l'ananas.

BLANC DE POULET AU WASABI

Pour 4 personnes

4 suprêmes de poulet
25 g de beurre
1 cuillerée à café de wasabi
1 cuillerée à café d'huile végétale au goût neutre
1 cuillerée à soupe de poivre vert lyophilisé
15 cl de crème fraîche
Ciboulette
Fleur de sel

Dans une poêle ou une sauteuse, faites fondre le beurre avec le filet d'huile (de pépins de raisin ou de colza par exemple) et mettez-y à dorer les blancs de volaille découpés en bouchées, à feu moyen, durant 5 minutes. Quand ils sont dorés à souhait, réservez-les.

Délayez la pâte de wasabi dans la crème fraîche et versez dans une sauteuse, ajoutez le poivre vert réhydraté. Remuez délicatement le tout pour obtenir une couleur homogène et servez sur une assiette chaude. Déposez-y les morceaux de viande avec une tombée de ciboulette hachée et de fleur de sel.

Attention, à l'instar de la moutarde, le wasabi en excès monte au nez ! Si vous ne trouvez pas de wasabi, réalisez cette recette avec de la moutarde.

Vous pouvez accompagner ce plat de simples pommes de terre cuites à l'eau ou, plus originalement, d'une purée de patates douces.

MASCARPONE AUX FRUITS ROUGES ET SIROP AU POIVRE VERT

Pour 4 personnes

Un pot de mascarpone de 250 g
20 cl de crème fraîche liquide
Sucre de canne liquide
100 g d'un mélange framboises-groseilles
Quelques feuilles de basilic
Huile d'olive très douce

Pour le sirop au poivre :
25 cl de sucre de canne liquide
1 cuillerée à soupe de poivre vert lyophilisé

Commencez par le sirop au poivre. Mettez le sucre de canne liquide dans une casserole avec la cuillerée à soupe de poivre vert réhydraté et préalablement concassé à sec dans un mortier. Placez à feu très doux pendant un quart d'heure. Filtrez dans une passoire bien fine et conservez au frais.

Travaillez le mascarpone au fouet ou à la fourchette avec la crème fraîche pour le rendre plus souple et du sucre liquide selon votre goût. Moulez cette crème dans des cercles en Inox plats ou déposez-la dans des ramequins ou des verrines, posez les fruits rouges sur le gâteau.

Assaisonnez du sirop au poivre vert. Une feuille de basilic très finement découpée et quelques gouttes d'huile d'olive finiront avec brio ce dessert.

En saison, vous pouvez ajouter quelques amandes fraîches qui apporteront du croquant.

PASTÈQUE ET FRAMBOISE

Pour 4 personnes
1 belle tranche de pastèque
250 g de framboises
1 citron vert non traité
1 petit morceau de gingembre
1 tige de citronnelle
Menthe fraîche
Sirop au poivre vert

Pour le sirop au poivre vert, voir la recette du Mascarpone aux fruits rouges, page précédente.

Débitez la pastèque en morceaux de la grosseur d'une bouchée, ajoutez le jus du citron vert et une belle longueur de zeste finement ciselé, la citronnelle, la menthe et le gingembre découpés. Gardez au froid.

Au moment de servir, ajoutez les framboises, remuez délicatement le tout et nappez de sirop. Ce dessert très rafraîchissant doit être servi glacé.

POULPE AU VIN ROUGE

Pour 4 personnes
1 poulpe de 800 g ou 800 g de petits poulpes muscardins
3 feuilles de laurier
2 branches de thym
1 branche de romarin
1 petite branche de fenouil
15 cl de vinaigre de vin
1 petit oignon
1 gousse d'ail
20 cl de vin rouge charpenté
2 cuillerées à soupe de poivre vert lyophilisé
Persil
Huile d'olive au fruité vert

Cette recette m'a été inspirée par un plat traditionnel khmer dégusté lors d'un séjour au Cambodge.

Faites cuire le poulpe dans de l'eau additionnée des herbes aromatiques et du vinaigre. Démarrez dans l'eau froide à feu vif ; aux premiers bouillons, passez sur feu moyen et continuez la cuisson un quart d'heure. Laissez refroidir le céphalopode dans son eau de cuisson, épluchez-le et coupez-le en tronçons.

Récupérez une petite louche d'eau de cuisson, mélangez-la au vin rouge et réduisez à feu vif, ajoutez le poivre vert réhydraté, l'ail en petits morceaux et l'oignon émincé.

Dressez vos assiettes avec le poulpe réchauffé dans une poêle huilée à feu doux, montez le feu au maximum et déglacez la poêle avec la sauce réduite, nappez, ajoutez un filet d'huile d'olive verte, du persil ciselé... et dégustez.

POIRES GRATINÉES, NOISETTES ET PAIN D'ÉPICE

Pour 4 personnes
4 poires un peu fermes
1 cuillerée à soupe de beurre
1 cuillerée à soupe de sucre en poudre
1 cuillerée à soupe de noisettes
2 tranches de pain d'épice
1 cuillerée à café de poivre vert lyophilisé

Faites poêler au beurre les poires épluchées en quartiers, poudrez légèrement avec le sucre pour leur donner une belle couleur.

Placez les morceaux de poire dans des moules à gratin individuels beurrés et recouvrez d'une chapelure grossière de noisettes et de pain d'épice, additionnée du poivre vert concassé à sec.

Faites dorer au four et servez, idéalement, avec un sorbet d'agrumes.

FRAMBOISES, CHANTILLY AU POIVRE VERT

Pour 4 personnes
500 g de framboises
1 cuillerée à soupe de poivre vert lyophilisé
Sucre de canne liquide
50 cl de crème fraîche liquide
Feuilles de menthe
1 citron

Une fois de plus, la recette est dans l'intitulé.

Recouvrez de belles framboises d'une chantilly aromatisée au poivre vert... C'est simple, surprenant et délicieux. Le tout est de vous y prendre un petit peu à l'avance pour préparer la chantilly. Pour ce faire, chauffez légèrement de la crème fraîche, ajoutez un peu de sucre liquide selon votre goût et des grains de poivre vert lyophilisés concassés.

Laissez infuser cinq minutes, filtrez dans une passoire très fine et placez dans votre siphon favori... laissez refroidir et passez à l'action. Quelques feuilles de menthe et un filet de jus de citron émoustilleront ce dessert.

BEURRE AU POIVRE VERT

Faites fondre du beurre à feu doux, incorporez du poivre vert lyophilisé préalablement réhydraté dans un peu d'eau, mettez au froid. Lorsque le beurre a durci mais reste malléable, confectionnez un saucisson dans du papier film, et conservez-le dans le réfrigérateur. Vous en couperez des tranches au fur et à mesure de vos besoins.

Il améliore un filet de poisson poché ou cuit à la vapeur, valorise une viande blanche ou une volaille et émoustille de simples légumes à la vapeur. Vous pouvez vous en servir pour confectionner une sauce à la crème, qui se marie classiquement bien avec l'onglet ou la bavette et de manière plus originale avec les légumes racines.

COMME UN « CURRY » DE ROUSSETTE

Pour 4 personnes
4 petites roussettes pelées de 150 g
15 cl de lait de coco
1 grosse tomate très mûre ou deux petites
1 petit oignon
1 gousse d'ail
Un peu de piment frais (selon votre goût)
1 tige de citronnelle
1/2 citron vert non traité
1 petit morceau de gingembre
1 cuillerée à soupe de poivre vert lyophilisé
Huile d'olive au fruité mûr
Fleur de sel
Basilic

Dans une sauteuse, faites revenir à feu moyen l'oignon coupé en lamelles, sans lui donner de couleur, puis ajoutez l'ail coupé très finement, puis les poissons débités en gros morceaux. Laissez mijoter une dizaine de minutes.

Ajoutez la tomate coupée grossièrement, laissez cinq minutes pour que sa chair fonde. Ajoutez le lait de coco, le piment en rondelles, le poivre vert réhydraté, la citronnelle et le gingembre coupés finement, le jus du demi-citron vert et un peu de zeste râpé. Laissez à feu doux dix minutes.

Servez avec un filet d'huile d'olive et des feuilles de basilic. N'oubliez pas une pincée de fleur de sel. Vous pouvez accompagner ce plat exotique d'un simple riz, de pâtes ou de pommes de terre.

CRÈME DE CAROTTE-ORANGE AU CUMIN

Pour 4 personnes
250 g de carottes
25 cl de jus d'orange
1 cuillerée à café de graines de cumin
Menthe fraîche
2 cuillerées à café de poivre vert lyophilisé
Huile d'olive très verte
Fleur de sel

Cette recette doit être préparée à l'avance pour être dégustée fraîche.

Épluchez les carottes, débitez-les en morceaux et faites-les cuire à la vapeur. Elles doivent rester al dente. *Mixez-les avec le jus d'orange et mettez au frais.*

Servez dans des verres ou des bols, avec une pincée de graines de cumin, un soupçon de menthe fraîche ciselée, du poivre vert réhydraté, un filet d'huile d'olive et une touche de fleur de sel.

CREVETTES AUX NOIX

Pour 4 personnes
16 crevettes tiger prawn
2 cuillerées à soupe de cerneaux de noix
1 cuillerée à soupe de poivre vert lyophilisé
1 cuillerée à soupe de beurre
1 cuillerée à café d'huile de pépins de raisin
Ciboulette
Fleur de sel

C'est un plat à préparer à l'automne, à la période où l'on trouve des noix fraîches. Si vous voulez réaliser ce plat hors saison, pas d'affolement, faites tremper des cerneaux de noix secs dans du lait chaud quelques minutes… c'est différent, mais ça fera illusion et vous évitera de paniquer !

Décortiquez les crevettes. Entaillez la chair sur le haut dans toute la longueur et ouvrez-les comme un portefeuille en retirant l'intestin de couleur sombre.

Sur feu vif, faites-les sauter dans une poêle avec le beurre, l'huile et le poivre vert réhydraté. Ne les saisissez pas trop, pour ne pas les raidir, elles sont meilleures quand elles restent souples.

Ajoutez les noix hachées, laissez encore deux minutes à feu doux, parsemez de ciboulette ciselée, de fleur de sel et servez le tout accompagné, par exemple, d'une salade mélangée (oseille, cresson et mâche), assaisonnée d'une huile d'olive très douce, ou alors d'une salade d'endives et de pommes assaisonnée d'huile de noix.

GASPACHO DE MELON

Pour 4 personnes
1 gros melon ou 2 petits melons charentais
1 cuillerée à soupe de graines de moutarde blonde
1 cuillerée à soupe de poivre vert lyophilisé
Une tranche de jambon cru
Huile d'olive au fruité vert
Estragon
Fleur de sel

Débitez une tranche de melon en petits cubes et mixez le reste de la chair. Mélangez le tout et gardez au réfrigérateur. Versez la préparation dans chaque bol ou verre, ajoutez les graines de moutarde et de poivre vert réhydratés, en mélangeant délicatement.

Déposez des lamelles de jambon sur le dessus, garnissez de quelques feuilles d'estragon, terminez par un filet d'huile d'olive et une pincée de fleur de sel.

Servez très frais (vous pouvez même ajouter un glaçon).

LA CUISINE AU POIVRE NOIR

AVEC QUOI L'ASSOCIER ?

Si le poivre noir s'entend avec presque tous les produits, quelques-uns sont encore plus valorisés par sa présence : ail, anchois, artichaut, betterave, bœuf, brousse, café, cerise, chocolat, chou-fleur, chou rouge, coing, escargots, fraise, framboise, fromage de chèvre, gingembre, huile d'olive, melon, miel, oursins, pain d'épice, pamplemousse, pastèque, pêche, radis noir, salade cuite, sardines.

NOTES DE DEGUSTATION DES GRANDS POIVRES NOIRS DU MONDE

LAMPUNG ASTA
Origine : sud de Sumatra (Indonésie)
Grains brun foncé au nez très agréable de brioche. Élégante acidité végétale rappelant le poivre vert. Explosion aromatique en bouche d'une grande puissance. Merveilleuses notes d'encens. C'est indéniablement l'un des meilleurs poivres au monde.

MALABAR MG1
Origine : Kérala/côte de Malabar (Inde)
C'est l'ancêtre de tous les poivres. Grains brun-noir au nez d'une extrême finesse, boisé et très fruité. Chaleureux en bouche, longue persistance et très agréable acidité.

CI-CONTRE : GLACE À L'AVOCAT [recette page 114]

TELLICHERRY TGSEB
Origine : Kérala/côte de Malabar (Inde)
Produit essentiellement dans les montagnes à l'est de Tellicherry.
Gros grains brun foncé. Nez épicé et boisé avec des notes très chaudes. Longue persistance en bouche. Présence d'une très fraîche note résineuse. Il s'agit d'un très grand poivre, très agréable et très élégant.

KAPPAD
Origine : Kérala, côte de Malabar (Inde)
Grains d'une grosseur exceptionnelle, extrêmement denses et parfumés. Notes suaves et sucrées évoquant la brioche, le café et le cacao avec une pointe de camphre. Des notes fraîches végétales légèrement térébenthinées, mentholées et réglissées. Et si nous étions en présence du meilleur poivre au monde ?

CEYLAN GRADE 1
Origine : île de Ceylan (Sri Lanka)
Très jolies baies brunes. Poivre très gras, riche en essences. Nez très vif, légèrement picotant, très boisé et finement parfumé. Son développement en bouche est très long. C'est un poivre inhabituel, d'une grande originalité.

SARAWAK NATURALLY CLEAN
Origine : nord de l'île de Bornéo (Malaisie)
Cette qualité est rarissime. Magnifiques baies noires. Arômes d'un extrême raffinement aux notes fraîches, fruitées et subtilement résineuses, évoquant le pain d'épice. Très bel équilibre entre chaleur et acidité. Ce poivre se développe merveilleusement en bouche. Présence exceptionnelle pour un poivre d'exception.

MAROFODY
Origine : côte est de Madagascar, dans la région de Tamatave
Grains bruns à l'odeur de pâtisserie et de thé fumé. Il est très fruité, résineux, boisé, puissant mais avec une très belle fraîcheur, agréable, élégant avec un exceptionnel développement en bouche.

SAÏGON VGSEB
Origine : Vietnam, dans des plantations situées au nord d'Ho Chi Minh City
Très joli grain de couleur foncée, très dense. Arôme intense très chaleureux avec des notes florales et résineuses. C'est un poivre très puissant à utiliser avec modération.

SAN MEN PO
Origine : Chine
Notes très surprenantes, anisées, sucrées, très douces, évoquant le fenouil, la graine de coriandre et l'angélique confite. Une grande rareté.

KAMPOT BLACK
Origine : Cambodge
Un poivre très élégant avec des notes sucrées, envoûtantes, légèrement florales. En bouche, il évoque la guimauve et la puissance se développe longuement.

TRADUCTION DE « POIVRE NOIR » DANS DIFFÉRENTES LANGUES

En sanskrit, *Piper nigrum* se dit maricham ou krishnan (noir). Le terme maritcha (prononcer mritch) désigne une plante qui produit un fruit à saveur piquante, identifié comme poivre uniquement lorsqu'il est qualifié par l'adjectif kala ou kali (noir) ou gol (rond), ce qui donne Gol mirtch ou Kali mirch. En hindi, en bengali et dans les langues du nord de l'Inde, mirtch signifie piment.

Noms vernaculaires en Inde : Gol mirtch, Kala meeree, Kali mirich, Meeree.

Allemand : Pfeffer.
Amharique (Éthiopie) : K'undo berbère.
Anglais : Pepper.
Arabe : Filfil.
Assamais (nord-est de l'Inde) : Jaluk.
Bengali (nord-est de l'Inde) : Golmarich, Kalomarich.
Chinois : Hu-chiao, Woo jiu, Hu jiao li.
Danois : Peber.
Espagnol : Pimienta.
Esperanto : Pipro.
Estonien : Pipar.
Farsi (originaire de Perse, parlé en Afghanistan) : Philphili, Abeeyad.
Finnois : Pippuri.
Frison (îles du nord des Pays-Bas) : Piper.
Grec : Pipéri.
Gujrati (nord-est de l'Inde) : Kalomirich.
Hébreu : Pilpel.
Hindi (langue officielle de l'Inde depuis 1949) : Gol mirch, Gulki, Kali mirch.
Hollandais : Peper.
Indonesien : Lada.
Islandais : Pipar.
Italien : Pepe.
Japonais : Kosho.
Kannara ou Kannada (sud-est de l'Inde, dans le Karnataka) : Menasu.
Laotien : Phi noi.
Malais : Merica.
Malayalam (sud-est de l'Inde, Kérala) : Kuru-mulagu.
Marathi (Inde) : Kali miri.
Norvégien : Pepper.
Panjabi (nord-ouest de l'Inde et Pakistan) : Kali marich.
Portugais : Pimenta.
Russe : Pjerets.
Singalais : Gammiris, Miris.
Suédois : Peppar.
Swahili (Afrique de l'Ouest) : Pilipili.
Tamoul (sud de l'Inde et Sri Lanka) : Milagoo.
Telougou (sud-ouest de l'Inde) : Savyamu, Miriyalu.
Thaïlandais : Prik thai.
Turc : Biber.
Vietnamien : Hat-trieu, Trieu.

CHIPS DE BETTERAVE

Pour 4 personnes
2 petites betteraves crues
25 cl d'huile de pépins de raisin
Fleur de sel
Poivre noir Tellicherry

Pour un apéritif original, coupez très finement, à l'aide d'une mandoline, ou d'une râpe à truffes, les betteraves crues en rondelles. Faites-les frire deux minutes à l'huile (la chair commencera à faire des cloques et à changer de couleur), puis déposez-les sur un papier absorbant. Assaisonnez de fleur de sel et généreusement de poivre noir concassé. Consommez tout de suite.

Bien sûr, vous pouvez réaliser ces chips avec d'autres légumes de saison et même en proposer un assortiment.

ANCHOIS EN TEMPURA

Pour 4 personnes
500 g d'anchois frais
20 cl de vinaigre de vin de qualité
2 blancs d'œufs
10 cl d'eau glacée
100 cl de farine à tempura
50 cl d'huile de pépins de raisin
Poivre noir de Lampung
Fleur de sel

Les anchois sont un vrai don de la nature, c'est un miracle qu'ils soient aussi bon marché sur les étals des poissonniers... mais on n'en trouve pas souvent, profitez-en quand il y en a !

Levez les filets à l'aide d'un couteau d'office, c'est très facile, puis faites-les mariner dans un récipient plat dans lequel vous aurez versé un excellent vinaigre, fruité et pas trop acide. Gardez au frais une petite heure.

Égouttez les anchois dans une passoire et trempez-les dans le blanc d'œuf battu énergiquement, additionné d'eau glacée. Trempez-les ensuite dans un récipient contenant le poivre fraîchement concassé, puis dans un autre empli de farine ; tapotez-les pour faire tomber l'excédent et déposez-les, par deux ou trois maximum, dans l'huile bouillante.

Quand la couleur est au rendez-vous, sortez-les du bain d'huile et placez-les sur un papier absorbant. Salez volontiers et dégustez avec les doigts, tels quels ou avec une salade de roquette. La salade est facultative, mais un vin blanc sec et frais obligatoire !

SALADE DE MELON

Si votre melon n'est pas très sucré, gardez-le pour préparer une salade vinaigrée et fortement poivrée, comme le faisaient les Romains... il y a deux mille ans !

Préparez une salade avec des morceaux de melon de la grosseur d'une bouchée, assaisonnez d'huile d'olive au goût mûr, de vinaigre de xérès ou d'un autre vinaigre sec, de feuilles d'estragon, de fleur de sel et de poivre long concassé. Le melon aime le poivre long, le poivre noir et l'estragon, faites-lui plaisir.

CRÈME DE CHOU-FLEUR AU PERSIL

Pour 4 personnes
1 petit chou-fleur
20 cl de crème fraîche liquide
1 demi-citron non traité
1 botte de persil
Huile d'olive au goût vert
Fleur de sel
Poivre noir Kappad
Caviar ou œufs de saumon (facultatif)

Faites cuire à la vapeur un petit chou-fleur débité en bouquets. Mixez-le avec la crème fraîche liquide afin d'obtenir un mélange onctueux. Battez au fouet pour le rendre plus léger et ajoutez le zeste du citron râpé.

Mixez les feuilles de persil avec l'huile d'olive et le jus du demi-citron. Servez la crème de chou sur un miroir de coulis de persil.

Salez avec du caviar ou des œufs de saumon si vos moyens vous le permettent, sinon de la fleur de sel fera l'affaire, mais n'oubliez surtout pas de poivrer sérieusement avec le poivre noir fraîchement concassé.

SARDINES MARINÉES, PASTÈQUE

Pour 4 personnes
8 sardines ou 16 filets
Le jus d'un demi-citron ou 10 cl de vinaigre de vin
Huile d'olive au fruité vert
1 tranche de pastèque
Roquette
Cébettes ou oignons nouveaux
Basilic et ciboulette
Poivre noir de Sarawak

Achetez des sardines entières et levez les filets ; si cette opération vous paraît irréalisable, vous pouvez demander à votre poissonnier de le faire, uniquement s'il est de bonne humeur, mais plus raisonnablement, achetez des filets déjà prêts.

Au fond d'une terrine ou d'un plat assez large, mettez les filets à mariner avec le jus de citron (ou le vinaigre) et recouvrez d'huile d'olive. Réalisez cette opération quelques heures avant de consommer le plat, laissez du temps au temps pour que la chair du poisson cuise correctement sous l'effet de l'acidité.

Pour chaque assiette, prenez une poignée de feuilles de roquette, ajoutez des lamelles de cébettes ou d'oignons blancs doux. Coupez la pastèque en tranches triangulaires, ou de la forme de votre choix. Posez les filets de sardines marinés sur la roquette et la pastèque, assaisonnez avec la marinade et terminez avec quelques brins de ciboulette ciselée, du basilic et du poivre noir fraîchement concassé. Le Sarawak de Malaisie est idéal !

TARTINES ESTIVALES

POUR UN APÉRITIF ESTIVAL, VOUS POUVEZ DÉCLINER CETTE RECETTE EN TARTINES, ET Y APPORTER DES VARIANTES. ACCOMPAGNEZ VOS SARDINES DÛN HACHIS DE CITRONS CONFITS, DE CÂPRES AU SEL, TOMATES SÉCHÉES, CORNICHONS ET OIGNONS NOUVEAUX OU DE LAMELLES DE FIGUES ASSAISONNÉES DÛNE VINAIGRETTE AU PASTIS, OU SUR UN LIT DE FRAMBOISES BIEN MÛRES ÉCRASÉES À LA FOURCHETTE, ET VOUS POUVEZ, BIEN SÛR, LAISSEZ PARLER VOTRE IMAGINATION…

SALADE DE LENTILLES À L'ORANGE

Pour 4 personnes
1 grosse boîte de lentilles
1 orange non traitée
1 échalote ou un oignon
Persil et ciboulette
Huile d'olive au fruité mûr
Vinaigre de vin et vinaigre balsamique
Fleur de sel
Poivre noir de Madagascar

Rincez abondamment les lentilles et mettez-les dans un saladier avec l'échalote ou l'oignon émincés, la moitié de la peau de l'orange en fins zestes, les herbes ciselées, l'huile d'olive, les deux vinaigres (deux tiers de vinaigre de vin et un tiers de balsamique). Salez et poivrez généreusement.

BONITE EN ÉPAIS CARPACCIO MI-CRU MI-CUIT

Pour 4 personnes
1 bonite de 1,2 à 2 kg
Sauce soja
Huile d'olive au goût mûr
Vinaigre balsamique
Poivre noir Tellicherry ou Kappad
Ciboulette, persil, basilic
Ail, oignon, gingembre frais

Tirez les filets de poisson et débitez quatre beaux pavés dans la partie la plus épaisse. Coupez-les dans le sens longitudinal en une sorte de carpaccio épais. Faites-les mariner dans un peu d'huile d'olive, de la sauce soja (vous pouvez utiliser de la sauce à l'huître qui renforcera la touche iodée du plat) et un trait de balsamique. Ajoutez une demi-gousse d'ail, une tranche de gingembre et un quart d'oignon finement découpés.

Au moment de servir, faites un aller-retour dans une poêle chaude avec chaque tranche, poivrez abondamment avec de très beaux grains concassés et arrosez du jus de marinade. Évitez le sel car la sauce soja est souvent très salée. Laissez tomber dessus un hachis d'herbes fines.

Servez avec des pissenlits ou de la roquette en salade légèrement aillée, ou bien avec des cœurs de sucrine.

FRAISES AU CARAMEL BALSAMIQUE

Pour agrémenter une coupe de fraises, ajoutez une belle boule ou quelques gros copeaux de glace à la crème, nappez de vinaigre balsamique caramélisé et n'oubliez surtout pas une tombée de poivre noir de Lampung. Il est classique en Italie d'associer les fraises et le poivre noir, pourquoi s'en priver ?

Pour le caramel, ajoutez du sucre liquide dans un vinaigre balsamique et chauffez-le jusqu'à obtention de la consistance souhaitée.

ACCOMPAGNEZ LES TOMMES DE MONTAGNE, ET EN PARTICULIER LES FROMAGES DE BREBIS, DE COMPOTE DE CERISES GRIOTTES COMME ON LE FAIT TRADITIONNELLEMENT AU PAYS BASQUE ET POIVREZ GÉNÉREUSEMENT AVEC VOS MEILLEURS GRAINS NOIRS.

MAQUEREAUX À LA VAPEUR

Pour 4 personnes
8 petits maquereaux
1 gousse d'ail
2 filets d'anchois
Vinaigre de vin de qualité
Ciboulette
Huile d'olive au fruité vert
Poivre noir du Sarawak

Dans un mortier, pilez un grain d'ail d'origine sûre comme le rose de Lautrec, deux anchois au sel et deux cuillerées à soupe de vinaigre de vin. Quand vous avez obtenu une pâte, ajoutez généreusement l'huile d'olive et le poivre noir concassé sans modération.

Tirez les filets de beaux maquereaux, c'est très facile avec un couteau effilé et souple. Coupez-les en deux dans la longueur pour éliminer les arêtes du milieu. Saisissez-les à la vapeur, environ deux minutes et servez immédiatement avec une sauce ail-anchois-vinaigre.

Nappez les filets de cette préparation, ajoutez un hachis de ciboulette et servez avec un mélange de salades et d'herbes si c'est une entrée et de belles frites si vous en faites un plat.

TARTARE DE POIS CHICHES AU PESTO D'ORTIES

Pour 4 personnes
1 boîte de 1 kg de pois chiches de gros calibre
1 gros bouquet d'orties
Quelques pignons de pin
Un peu de parmesan
1 oignon doux
Huile d'olive au goût mûr
Fleur de sel
Poivre noir de Malabar

Pour réaliser le pesto, il faut d'abord cueillir les sommités et les jeunes pousses d'orties. Utilisez des gants ou cueillez-les en apnée, c'est très efficace, je vous assure. Plongez les orties dans l'eau bouillante pendant trente secondes (elles doivent rester vertes) et passez-les sous l'eau froide. Éliminez toute l'eau sur un papier absorbant et commencez à les piler dans un mortier avec de l'huile d'olive pour les réduire en pommade. Ajoutez des pignons (ceux de Toscane sont incomparables) légèrement concassés, du parmesan râpé selon votre goût. Additionnez d'huile d'olive si la préparation est trop épaisse.

Hachez très grossièrement, à l'aide d'un gros couteau, les pois chiches abondamment rincés et égouttés. Dans un saladier, mélangez-les avec quelques lamelles d'oignon doux de Lézignan, un généreux filet d'huile d'olive de Provence et quelques cristaux de fleur de sel. Soyez prudents avec le sel car le pesto est salé.

Servez dans des bols ou des assiettes creuses, nappez joliment de pesto aux orties et poivrez avec l'excellent poivre noir de Malabar fraîchement concassé.

Vous pourrez utiliser le pesto d'orties pour d'autres usages, sur des pâtes, avec des gnocchis, des légumes à la vapeur ou des crudités, sur un filet de poisson poché ou avec une viande blanche. Vous pouvez également, faute de feuilles d'orties, réaliser ce pesto avec des feuilles de salade blanchies.

FONDANT AU CHOCOLAT

Pour 8 personnes

Pour le fondant :
250 g de chocolat noir très marqué en cacao (minimum 70 %)
100 g de beurre
3 jaunes d'œufs et un blanc
1 tasse de café corsé

Pour le sirop au poivre :
25 cl de sucre de canne liquide
1 cuillerée à soupe de poivre noir concassé

Pour le coulis d'écorces d'orange :
1 orange non traitée
15 cl de sucre de canne liquide

Il vous faudra préparer ce fondant 24 heures à l'avance.

Laissez fondre au bain-marie le chocolat noir avec le beurre. Remuez continuellement avec une spatule. Quand ces deux éléments sont parfaitement fondus et intimement mêlés, ajoutez le café fort et introduisez délicatement les jaunes, puis le blanc presque monté en neige, en soulevant la préparation avec la spatule, histoire de l'aérer. Versez le tout dans une barquette en aluminium et mettez au froid pendant 24 heures.

En parallèle, occupez-vous du sirop au poivre. Mettez le sucre de canne liquide dans une casserole avec 1 cuillerée à soupe de poivre noir Lampung concassé au mortier (un autre excellent poivre fera l'affaire). Placez à feu très doux pendant un quart d'heure. Filtrez dans une passoire bien fine et conservez au frais.

Préparez le coulis d'écorces d'orange. Choisissez une orange non traitée, retirez finement le zeste à l'aide d'un couteau économe, sans attaquer le blanc. Mixez-le avec le sucre de canne liquide (à défaut de celui-ci, faites fondre des morceaux de sucre avec de l'eau).

Dressez sur chaque assiette, 1 à 2 tranches de fondant, selon l'épaisseur que vous avez choisie, plus 2 cuillerées de coulis d'orange et un peu moins de sirop de poivre (l'orange calme l'éventuel brûlant du poivre !).

Servez avec un vin doux naturel de Banyuls, de Rivesaltes ou un vin muscat ambré de Beaumes-de-Venise. Ces vins valorisent admirablement les desserts chocolatés.

Vous pouvez multiplier les doses prescrites, et préparer plusieurs fondants à l'avance, ils se conservent très bien au frais. Vous pourrez les mettre en scène, avec des fruits frais, des coulis de différents fruits et des sirops variés élaborés sur le modèle de celui au poivre noir... à vous de jouer.

TRANSFORMEZ VOTRE CAFÉ EN DESSERT EN AJOUTANT UNE LÉGÈRE PLUIE DE POIVRE NOIR CONCASSÉ QUAND IL EST BRÛLANT. VOUS POUVEZ AGRÉMENTER LE TOUT DÙNE CHANTILLY ET TREMPER DES MOUILLETTES DE PAIN DÉPICE OU DES BISCUITS SECS.

CANARD OU STEAK « KAPPAD BEACH »

Pour 4 personnes

2 beaux magrets de canard gras ou 2 tranches épaisses de faux filet
20 cl de jus de rôti
20 cl de crème fraîche
5 cl de rivesaltes, banyuls ou porto
1 brioche rassise
1 cuillerée à thé de confiture d'abricot
1 pointe de couteau de graines de vanille
Ciboulette
Fleur de sel
Poivre noir « Kappad » concassé

C'est en partant de l'idée de revisiter le steak au poivre que cette idée de sauce m'est venue, ainsi que celle de remplacer la viande de bœuf par du magret de canard.

Réduisez la brioche en chapelure.

Faites chauffer le jus de viande. Aux premières bulles, baissez le feu, ajoutez tout en remuant délicatement avec une spatule, la crème fraîche, le vin doux, la confiture et les graines de vanille. Ajoutez la chapelure de brioche pour épaissir la sauce. Poivrez généreusement et nappez la viande choisie, cuite selon votre goût. Salez et laissez tomber en pluie la ciboulette ciselée.

Servez accompagné de belles frites de pomme de terre ou de patate douce et de céleri rave.

MON « STEAK AU POIVRE »

Pour 4 personnes

1 morceau de filet de bœuf de 800 g
20 cl de jus de viande (à partir de fonds concentrés ou de cubes)
Cognac
20 cl de crème fraîche
Quatre feuilles de gélatine ou l'équivalent en agar-agar
Ciboulette
Fleur de sel
Poivre noir « Kappad »

Vous devez préparer la sauce suffisamment à l'avance pour pouvoir l'utiliser congelée. Préparez-la en commençant par faire chauffer le jus de viande. À la première ébullition, ajoutez la crème fraîche ainsi qu'un trait de cognac et mélangez. Quand la couleur est homogène et que la sauce a pris une consistance épaisse, coupez le feu, ajoutez les feuilles de gélatine préalablement ramollies dans de l'eau, en remuant la préparation à l'aide d'une spatule en bois. Incorporez du poivre noir « Kappad » fraîchement concassé, selon votre goût, puis une tombée de ciboulette ciselée.

Déposez la sauce dans un récipient plat de sorte d'obtenir d'une couche d'un demi-centimètre d'épaisseur et placez au congélateur.

Un peu avant de passer à table, découpez le morceau de viande pour en faire quatre pavés de taille identique. Coupez-les en deux longitudinalement.

Pour la cuisson, découpez une tranche de sauce congelée à la dimension des demi-pavés. Insérez-la entre deux morceaux, façon « sandwich » et faites dorer le pavé reconstitué sur les deux faces. Salez et servez avec de bonnes grosses frites « maison ».

FIGUES CONFITES

Pour 4 personnes
Une vingtaine de petites figues (la moitié si elles sont grosses)
25 cl de vin doux naturel (du genre muscat de Beaumes-de-Venise)
4 bâtonnets de cannelle
2 étoiles de badiane
5 capsules de cardamome verte
1 pincée de pistils de safran
Quelques grains de poivre noir Tellicherry

Pour la chantilly au laurier (facultative) :
5 ou 6 feuilles de laurier
1 demi-litre de crème liquide
Sucre de canne liquide

Faites confire longuement, à feu doux, de belles petites figues dans du vin doux naturel, épicé de bâtonnets de cannelle, d'étoiles de badiane, de capsules de cardamome verte et d'une pincée de très beau safran, de la Mancha par exemple.

Si vous servez ce dessert chaud, proposez un café corsé, brûlant, additionné d'une pincée de poivre noir Tellicherry fraîchement concassé, et si vous avez le temps, préparez une chantilly au laurier dont vous ornerez le café d'une belle épaisseur et là, ce sera grandiose.

Si vous servez ce dessert froid, buvez impérativement un vieux muscat... vous m'en direz des nouvelles !

Les fruits, ainsi confits, se conservent très bien plusieurs jours, au frais.

La chantilly est très simple à réaliser, comme n'importe quelle chantilly d'ailleurs : faites infuser à basse température cinq ou six feuilles de laurier dans un demi-litre de crème fraîche, ajoutez un peu de sucre de canne liquide. Passez dans une passoire fine et placez le tout dans un siphon au frais.

FILETS DE MULET CITRON-PERSIL

Pour 4 personnes
1 mulet de 1,2 kg environ
Huile d'olive très verte
1 citron non traité
Persil
1 cuillerée à soupe de câpres
4 tomates séchées
2 cornichons
2 oignons nouveaux
Poivre noir de Malabar
Fleur de sel

Commencez par préparer une petite garniture composée du zeste du citron blanchi cinq minutes dans l'eau, des câpres au sel, des tomates séchées découpées en lamelles, des cornichons et des oignons nouveaux émincés.

Tirez les filets de mulet à l'aide d'un couteau tranchant et souple, appelé filet de sole, ou d'un couteau à sushis. Saisissez-les à la poêle dans l'huile d'olive, trois minutes côté peau et une minute côté chair. Dressez-les dans des assiettes et nappez d'une émulsion de jus de citron, d'huile d'olive et de persil. Poivrez généreusement avec le poivre noir fraîchement concassé, salez modérément. Ajoutez la garniture d'oignons.

Une salade de roquette et de pousses d'épinards sera la bienvenue, ou mieux encore une salade de pissenlits légèrement aillée.

CERISES AU PAIN D'ÉPICE

Pour 4 personnes
250 g de griottes
250 g de cerises de variétés différentes
4 tranches de pain d'épice
Huile d'olive au goût mûr
Poivre noir de Sarawak
Sucre

Faites compoter des griottes dénoyautées avec un peu de sucre pendant une heure, laissez refroidir. Mélangez avec des cerises dénoyautées de variétés différentes crues et d'autres légèrement poêlées dans du sucre.

Poudrez avec le poivre finement concassé et servez avec des tranches de pain d'épice croustillantes, poêlées dans l'huile d'olive. Accompagnez d'une glace à la réglisse si vous en trouvez.

L'intérêt de cette recette réside dans la diversité des variétés de cerises que vous utiliserez, le mélange des goûts et des textures étant l'originalité première de ce dessert.

GLACE À L'AVOCAT [photo page 96]

Pour 4 personnes
2 avocats mûrs mais sans taches
1 demi-citron
10 cl de sucre de canne liquide
100 g de framboises

Préparez un sirop au poivre noir (voir recette du fondant au chocolat, page 108). Mixez la chair des avocats avec le sucre liquide et le jus du demi-citron. Vous obtiendrez une crème onctueuse d'une belle couleur verte. Mettez-la dans la sorbetière le temps nécessaire. La glace doit rester très crémeuse. Servez avec quelques framboises agrémentées de sirop au poivre. La surprise et le succès seront forcément au rendez-vous.

Si vous n'avez pas de sorbetière, réalisez la recette à l'identique, placez vos bols au congélateur pendant une heure, servez et rebaptisez-la « crème à l'avocat ».

CÉLERI ET FRAISES EN SALADE

Pour 4 personnes
Un pied de céleri branche
100 g de fraises pas trop mûres
1 petite boîte de thon au naturel
1 citron
Menthe et basilic
Huile d'olive au fruité vert
Fleur de sel
Poivre noir Kappad

Découpez les branches et le cœur de céleri en fines rondelles, débitez les fraises en quartiers. Émiettez le thon et assaisonnez avec le jus de citron, l'huile d'olive, la menthe et le basilic ciselés, une pincée de fleur de sel et beaucoup de poivre noir concassé.

Mélangez le tout et dégustez frais.

TARTINE FRAMBOISE-SARDINE

Pour 4 personnes
8 petites sardines marinées
8 tranches de pain étroites
1 poignée de framboises
Basilic
Huile d'olive verte
Fleur de sel
Poivre noir Kappad

Il est conseillé de consommer ces tartines sur une terrasse ombragée, en compagnie d'un vin frais et de quelques cigales pour l'ambiance musicale.

Toastez légèrement le pain, étalez les framboises écrasées à la fourchette dans un bol, posez un filet de sardine mariné par tranche, versez un filet d'huile d'olive, assaisonnez de fleur de sel, de poivre noir concassé et de feuilles de basilic.

BROCOLI MARINÉ

Pour 4 personnes
1 petit brocoli
Un jus de citron
Huile d'olive verte
2 gousses d'ail
1 poignée d'olives noires un peu amères
Persil, ciboulette
Fleur de sel
Poivre noir Kappad

Découpez le brocoli en lamelles d'un petit doigt d'épaisseur. Faites-les cuire à la vapeur en les gardant al dente. *Mettez-les à mariner dans le jus de citron et l'huile d'olive.*

Servez froid avec des copeaux d'olive torréfiés à sec dans une poêle et des pétales d'ail frits. Assaisonnez avec les herbes ciselées, la fleur de sel et du poivre noir concassé.

LA CUISINE AU POIVRE BLANC

AVEC QUOI L'ASSOCIER ?

Le poivre blanc convient en général aux chairs de couleur claire : veau, poulet, porc. Il aime aussi la présence du foie gras et des ris de veau. Il s'entend avec les poissons à chair blanche, les crustacés et les coquillages. Utilisez-le avec de nombreux légumes, sa préférence allant aux tomates, épinards et petits pois. Il est parfait avec la rarissime truffe blanche et améliore grandement les œufs. Essayez aussi avec le chocolat et les fruits, avec un résultat garanti pour le coing et les agrumes.

NOTES DE DÉGUSTATION DES PLUS GRANDS POIVRES BLANCS DU MONDE

MUNTOK HANDPICK
Origine : île de Bangka au sud-est de Sumatra (Indonésie)
Il s'agit du poivre blanc de référence, c'est un très joli grain de couleur crème. Il développe un nez animal, vif et chaleureux. En bouche, il devient boisé et chaud. C'est un poivre d'une grande élégance.

MALABAR GARBLED MGW
Origine : Kérala, côte de Malabar (Inde)
Poivre rare dans cette région où l'on produit majoritairement du poivre noir. Belles notes fraîches, le côté animal présent dans les poivres blancs sait se faire discret pour laisser place à des notes de peau d'agrumes, il est tout à fait exceptionnel.

CI-CONTRE : FENOUIL À L'ORANGE [recette page 128]

SARAWAK CREAMY WHITE
Origine : nord de l'île de Bornéo (Malaisie)
Tout comme le précédent, il s'agit d'une véritable rareté. Sa particularité est d'être élaboré après trempage dans l'eau des torrents… une des plus pures du monde. Son exceptionnelle blancheur est naturelle. Très élégante robe beige. Nez puissant aux notes fraîches et boisées, odeur de cuir, délicate acidité. Très présent en bouche, réglissé, avec des fragrances de sous-bois. Un poivre très harmonieux et d'une grande finesse.

CAMEROUN MOUNGO
Origine : Penja à l'ouest du Cameroun
Très élégant grain de couleur crème, issu de plants cultivés à la houe sur des terres volcaniques. Nez animal très puissant, herbacé, mentholé, notes fraîches de peau d'agrume, odeurs de cuir et de terre mouillée. Boisé en bouche, avec un très long développement.

MANANJARY
Origine : Madagascar
Poivre superbe, notes animales peu marquées, très floral, anisé, avec d'élégantes touches d'agrumes. Un poivre sublime.

XIAN GU
Origine : Chine
Poivre blanc très classique aux notes animales très marquées. Odeur poudrée évoquant la toile de jute.

KAMPOT WHITE
Origine : Cambodge
C'est un poivre blanc étonnant, dépourvu des odeurs animales désagréables de tous ses congénères. On trouve des notes de bonne terre, d'arachide grillée, des notes végétales d'herbe fraîche et de concombre. En bouche, la fraîcheur est très présente, avec un piquant vif et élégant qui persiste avec des notes finales de réglisse.

TARTARE D'AVOCAT ET CRABE

Pour 4 personnes

200 g de riz cuit
2 avocats mûrs
1 boîte de chair de crabe
1 cuillerée à soupe de câpres
1 petit oignon doux
Ciboulette
1 citron
Huile d'olive au fruité vert
Fleur de sel
Poivre blanc de Malabar

Débitez les avocats en petits morceaux et mettez-les dans un saladier avec le jus de citron et de l'huile d'olive. Ajoutez l'oignon émincé, la ciboulette, les câpres, la chair de crabe et le riz. Mélangez le tout avec délicatesse et préparez de jolis gâteaux à l'aide de cercles en Inox. Si vous n'en possédez pas, utilisez la boîte qui contenait le crabe, que vous aurez découpée des deux côtés opposés.

Servez avec une tombée de fleur de sel et le poivre concassé à la minute.

MON CANARD À L'ORANGE

Pour 4 personnes
1 canard découpé ou quatre cuisses
2 litres de jus d'orange
1 pincée de pistils de safran
Poivre blanc du Sarawak

Je vous propose une recette simplissime, alternative à la traditionnelle recette du canard à l'orange. Elle se prépare à l'avance.

Dans une sauteuse ou une cocotte, dressez des cuisses de canettes ou un canard découpé en morceaux et recouvrez de jus d'orange. Laissez tomber en pluie des pistils de safran. Portez à ébullition et laissez ensuite cuire une heure trente à feu modéré. La pointe d'un couteau doit pénétrer facilement dans la chair du volatile.

Retirez de la sauteuse et placez les découpes de canard dans un récipient, avec le jus de cuisson, quelques heures au réfrigérateur. La graisse rendue par le canard se figera en surface, vous pourrez ainsi l'enlever facilement et obtenir un plat beaucoup moins gras.

Remettez le jus filtré sur feu puissant pour le faire réduire. Au moment de servir, mettez les morceaux de canard à réchauffer à feu doux dans le jus de cuisson. Vous pouvez laisser les morceaux entiers ou bien, pour une version plus chic, enlever la peau et les os et ne servir qu'une effilochée de chair. Dressez vos assiettes, nappez les cuisses de jus de cuisson réduit et ajoutez généreusement du poivre blanc du Sarawak concassé.

Vous pouvez servir avec du riz ou de petites pommes de terre nouvelles à l'eau, mais idéalement, faites sauter deux minutes, dans un peu d'huile d'olive, des feuilles d'épinards.

SOUPE DE MOULES À LA MANDARINE ET CORIANDRE

Pour 4 personnes
400 g de moules décortiquées
2 petits oignons
1 gousse d'ail
1 demi-verre de vin blanc sec
2 verres d'eau
1 branche de céleri
1 mandarine
2 grosses tomates très mûres et très charnues
50 g de beurre
Coriandre fraîche
Huile d'olive au fruité vert
Poivre blanc de Madagascar

Dans une sauteuse, faites dorer les oignons et l'ail, mouillez avec le vin blanc, ajoutez une branche de céleri en rondelles, puis la chair des tomates. Laissez dix minutes à feu vif en remuant avec une spatule et couvrez d'eau. La bonne température est atteinte lorsque quelques bulles viennent éclater en surface : continuez alors un bon quart d'heure.

Dès que le bouillon épaissit, baissez le feu, ajoutez quelques beaux morceaux de beurre frais, le jus de la mandarine et la chair des moules... cinq minutes plus tard, le plat est prêt.

Il vous reste à le dresser dans vos plus belles assiettes creuses, de parsemer de quelques feuilles de coriandre ciselées, de faire une belle écriture avec l'huile d'olive et le poivre blanc concassé sans compter.

ROULEAUX DE CONCOMBRE, CHÈVRE ET POIVRE BLANC

Pour 4 à 6 personnes
1 concombre bien ferme
2 petits fromages de chèvre frais
Menthe
1 gousse d'ail rose
2 cuillerées à soupe d'amandes fraîches émondées
Huile d'olive au fruité vert
Sauce soja
Vinaigre balsamique
Fleur de sel
Poivre blanc de Sarawak

⁂ Préparez une pâte crémeuse en écrasant à la fourchette dans un bol les fromages de chèvre additionnés d'huile d'olive, ajoutez les amandes coupées grossièrement, la menthe ciselée, l'ail très finement coupé, de la fleur de sel et le poivre blanc concassé.

⁂ Épluchez le concombre et débitez-le à l'aide d'un couteau économe en très fines lamelles de dix centimètres de long. Si le concombre est très grand, vous le partagerez en deux. Garnissez chaque lamelle d'une généreuse cuillerée à café de la préparation au fromage et roulez pour en faire un petit nem.

⁂ Servez de manière japonisante sur un ramequin épuré avec des baguettes et de petites coupelles contenant un mélange sauce soja, balsamique pour moitié chacun. Trempez les rouleaux dans la sauce, à l'aide des baguettes, et croquez.

⁂ Si ce n'est pas la saison des amandes fraîches, utilisez des amandes sèches que vous ferez tremper une demi-heure dans du lait chaud. La peau marron s'enlèvera ensuite facilement. Si les amandes sont encore dures, renouvelez l'opération.

GAMBAS AU JUS D'ORANGE ET THYM FRAIS

Pour 4 personnes
16 belles crevettes du genre gambas
1 orange très juteuse
1 demi-citron
Thym frais
Piment en poudre (si le poivre ne vous suffit pas)
Huile d'olive au goût vert
Fleur de sel
Poivre blanc du Sarawak
Menthe fraîche

⁂ Décortiquez les crevettes. Entaillez la chair sur le haut et ouvrez-les comme un portefeuille en retirant l'intestin de couleur sombre. Faites mariner quelques heures dans le jus d'orange, additionné du jus de citron, du thym frais, du piment en poudre selon votre goût et de l'huile d'olive verte.

⁂ Préparez un jus avec les têtes et les carcasses des crustacés, que vous ferez bouillir simplement additionnées d'eau. Concassez le tout à l'aide d'un pilon ou d'un presse-purée pour en extraire le maximum de matière et laissez réduire, après avoir filtré, jusqu'à l'obtention d'un jus épais.

⁂ Faites sauter les crevettes rapidement, à feu puissant. Déglacez la poêle avec le jus de marinade et nappez les crustacés. Ajoutez de la fleur de sel, du poivre blanc concassé comme s'il en pleuvait, quelques feuilles de menthe finement ciselées, une belle signature avec le jus épaissi chaud, et dégustez sans attendre.

SAINT-JACQUES À LA MANGUE

Pour 4 personnes
8 belles coquilles Saint-Jacques
2 petites mangues pas trop mûres
1 cuillerée à soupe de beurre
Vinaigre balsamique
Poivre blanc du Cameroun
Fleur de sel

Faites dorer les tranches de mangue dans le beurre et dressez dans des assiettes très chaudes. Saisissez rapidement les noix, coupées en deux dans le sens horizontal, dans une poêle chaude avec une noix de beurre. Quand elles sont dorées à souhait, flanquez-les à côté de la mangue. Déglacez la poêle avec du vinaigre balsamique, nappez les saint-jacques avec le jus obtenu et assaisonnez avec le poivre blanc concassé, sans oublier une pincée de fleur de sel.

CAROTTES À L'HUILE D'ARGAN

Pour 4 personnes
16 jeunes carottes
2 cuillerées à soupe d'huile d'argan
Persil
1 demi-citron
Fleur de sel
Poivre blanc de Madagascar

Découpez les carottes en quatre dans le sens de la longueur. Les jeunes carottes n'ont pas besoin d'être épluchées, frottez-les simplement sous l'eau. Faites-les cuire à la vapeur en les gardant al dente. Réservez-les au froid. Servez en nappant avec une émulsion d'huile d'argan, qui pourra le cas échéant être remplacée par de l'huile de noisette, et de persil, émoustillée par quelques gouttes de citron. Assaisonnez de quelques cristaux de fleur de sel et de poivre blanc concassé grossièrement.

TOMATES MOZZARELLA... À BOIRE !

Pour 4 personnes
1 litre de jus de tomate
16 petites boules de mozzarella di bufala
1 bouquet de basilic-citron
1 gousse d'ail
Huile d'olive au fruité vert
Poivre blanc de Madagascar
Fleur de sel

Le jeu de cet amuse-bouche consiste à tremper de vraies petites mozzarellas di bufala dans un coulis de basilic et de boire la tomate, sous forme de jus, au lieu de la manger. Pour le coulis de basilic, utilisez la variété basilic-citron aux notes très fraîches, mixez des feuilles avec un petit grain d'ail pour faire chanter et de l'huile d'olive de bonne origine au fruité vert. Assaisonnez le jus de tomate d'un peu de fleur de sel et d'une pluie de poivre blanc de Madagascar fraîchement concassé...

SALADE DE HARICOTS VERTS À LA POIRE

Pour 4 personnes
300 g de haricots verts
4 poignées de roquette
1 poire pas trop mûre
1 morceau de parmesan
1 citron
Huile d'olive au fruité vert
Estragon
Fleur de sel
Poivre blanc du Malabar

ᕙ *Cuisez les haricots* al dente *et rafraîchissez-les. Posez-les sur un lit de roquette, ajoutez des quartiers fins de poire épluchés, des copeaux de parmesan, des feuilles d'estragon et assaisonnez d'un jus de citron, d'huile d'olive, d'une tombée parcimonieuse de fleur de sel et de poivre blanc fraîchement concassé.*

DAURADE MARINÉE SUR CANAPÉ D'AVOCAT

Pour 4 personnes
1 daurade de 800 g
4 avocats
Huile d'olive douce au fruité vert
1 demi-citron
1 citron vert
Fleur de sel
Poivre blanc de Sarawak

ᕙ *Tirez les filets du poisson et faites mariner la chair débitée en jolis écus pas trop fins, dans un mélange d'huile d'olive et de jus de citron. Une bonne heure au froid est nécessaire pour légèrement la cuire.*

ᕙ *Dressez sur des tranches d'avocat joliment présentées sur une assiette, assaisonnez-les de la marinade citronnée pour éviter que la chair du poisson noircisse. Ajoutez le sel et le poivre concassé, dégustez sans attendre.*

L'intérêt de cette simplissime recette réside dans le jeu des textures, la confrontation du soyeux fondant de l'avocat et la mâche du poisson.
Cette recette peut se réaliser avec d'autres poissons blancs, des langoustines, des crevettes, du homard ou de la langouste.

POIREAUX À L'ANIS VERT

Pour 4 personnes
4 petits poireaux
1 cuillerée à soupe d'anis vert
Estragon
Huile d'olive au fruité vert
Fleur de sel
Poivre blanc de Malabar

ᕙ *Faites cuire à la vapeur, mais conservés* al dente, *les poireaux effilochés ou en tronçons. Passez-les à l'eau froide pour stopper la cuisson et garder la belle couleur verte. Pressez-les sur du papier absorbant et mettez au frais. Servez assaisonné d'huile d'olive, d'estragon, d'anis vert et de fleur de sel et poivrez généreusement en blanc.*

FENOUIL À L'ORANGE [photo page 116]

Pour 4 personnes
2 bulbes de fenouil
1 grosse orange juteuse non traitée
Huile d'olive au fruité vert
Fleur de sel
Poivre blanc du Sarawak

Taillez de belles tranches dans les bulbes de fenouil. Faites-les poêler à feu moyen, pendant un quart d'heure, dans l'huile d'olive avec l'écorce d'orange râpée. Tournez-les à mi-cuisson, elles doivent être dorées sur les deux faces. Posez-les alors sur les assiettes.

Déglacez la poêle avec le jus de l'orange et nappez les tranches avec la réduction ainsi obtenue. Ajoutez de la fleur de sel et le poivre grossièrement concassé.

GROS RAVIOLIS TOMATE-TOMATE

Pour 4 personnes
Pour la farce :
500 g de tomates cerises
4 cuillerées à soupe de tomates séchées
1 cuillerée à soupe de sucre en poudre
Huile d'olive

Pour le pesto :
Basilic
Huile d'olive
1 petit grain d'ail
1 cuillerée à soupe de pignons
1 tasse à café de parmesan râpé

Pour le coulis de tomates séchées :
4 tomates séchées
Huile d'olive

Pour la pâte à raviolis :
200 g de farine
2 œufs
1 cuillerée à thé de lait
1 cuillerée à thé d'huile d'olive

Poivre blanc de Malabar
Fleur de sel

Achetez de la pâte déjà prête ou préparez la pâte à raviolis en mélangeant les différents ingrédients sur un plan fariné. Abaissez la boule obtenue avec un rouleau. Elle doit être très fine. Découpez-la en bandes de cinq centimètres de largeur.

Pour préparer la farce aux deux tomates, coupez en deux les tomates cerises et placez-les à feu très doux dans une poêle huilée. Quand elles se sont assouplies, écrasez-les délicatement pour qu'elles rendent toute leur eau. Poudrez avec le sucre. Au bout d'une heure, vous obtenez des tomates confites et caramélisées. Ajoutez les tomates séchées coupées finement et laissez refroidir.

Sur une des bandes de pâte, déposez une cuillerée à soupe de tomates, tous les cinq centimètres, recouvrez d'une autre bande de pâte, pressez du bout des doigts la pâte entre les tas de tomates et découpez de gros raviolis.

⊰ Préparez le pesto au mortier en écrasant l'ail avec un filet d'huile d'olive, puis le basilic, les pignons et finissez en ajoutant le parmesan et suffisamment d'huile pour que la préparation reste liquide. D'autre part, mixez les quatre tomates séchées avec de l'huile d'olive, pour obtenir un coulis.

⊰ Faites cuire les raviolis dans de l'eau salée bouillante. Quand ils remontent à la surface de l'eau, ils sont cuits. Posez-les sur une planche à découper, coupez-les en deux et posez-les sur des assiettes dont le fond aura été recouvert du pesto et d'un filet de coulis de tomate. Salez, mais peu ou pas, car le parmesan est déjà salé et n'oubliez pas le poivre fraîchement concassé.

SALADE DE PETITS POIS

Pour 4 personnes
500 g de petits pois
1 oignon doux
4 tomates séchées
Menthe fraîche
Huile d'argan ou de noisette
Vinaigre balsamique blanc
Fleur de sel
Poivre blanc de Madagascar

⊰ Au printemps, c'est la pleine saison des légumes verts, profitez de cette aubaine pour préparer une salade originale avec des petits pois crus, fraîchement cueillis, et de l'oignon nouveau de Lézignan.

⊰ Ajoutez quelques fines lamelles de tomates séchées et un soupçon de menthe.

⊰ Pour l'assaisonnement, utilisez de préférence une très belle huile d'argan ou une huile de noisette, un trait de vinaigre balsamique blanc, du poivre blanc fraîchement concassé et de la fleur de sel.

LÉGUMES VERTS, CRÈME MOUSSEUSE D'AIL NOUVEAU

Pour 4 personnes
4 têtes d'ail nouveau
600 g d'un assortiment de légumes verts : haricots verts, pois gourmands, haricots plats, petits pois, asperges, etc.
Huile d'olive verte
Vinaigre balsamique blanc
Fleur de sel
Poivre blanc Muntok

Vous l'avez compris, cette recette est très printanière et se préparera uniquement à cette saison, quand les premiers légumes verts font leur très attendue apparition.

⊰ Coupez les têtes d'ail en deux horizontalement et faites-les cuire à l'eau. Démarrez dans de l'eau froide, portez à ébullition et répétez cette opération trois fois. Gardez la première eau de cuisson dans un récipient. Mixez l'ail, et si vous avez des difficultés, ajoutez un peu de l'eau de cuisson que vous avez gardée, passez-le au chinois pour obtenir une belle crème.

⊰ Cuisez al dente *à la vapeur l'assortiment de légumes verts, et servez-les tièdes sur la crème d'ail réchauffée.*

⊰ Décorez d'un filet d'huile d'olive, assaisonnez de quelques gouttes de vinaigre balsamique blanc, d'une tombée de fleur de sel et de poivre blanc concassé.

ŒUF AUX HERBES, MIEL ET VINAIGRE BALSAMIQUE

Pour 1 personne

1 œuf
Herbes fraîches : basilic, cerfeuil, ciboulette, persil, estragon, etc.
1 cuillerée à café de miel de lavande
Huile d'olive
Vinaigre balsamique
Fleur de sel
Poivre blanc de Muntok ou du Sarawak

Cassez un bon œuf de ferme très frais dans une poêle vaporisée d'huile d'olive et faites-le cuire tout simplement. Le secret de la cuisson de l'œuf réside dans la lenteur. Elle doit être très lente et se faire sur un feu très doux... l'induction est idéale pour ce genre d'exercice.

L'œuf prendra un goût encore plus subtil, à le rendre bucolique, avec une pluie d'herbes, basilic, cerfeuil, ciboulette, à volonté, persil, menthe, aneth et estragon avec modération. Avec précision, posez l'œuf dans une assiette. Ajoutez dans la poêle un trait généreux de vrai vinaigre balsamique et une cuillerée à café de miel de lavande et laissez épaissir légèrement jusqu'à la consistance d'un sirop. Puis laissez-le tomber dans une traînée de perles de verre autour de l'œuf, relevez le tout avec quelques cristaux de fleur de sel et une concassée de poivre blanc Muntok d'Indonésie ou Sarawak de Malaisie. Vous avez le droit de saucer ce plat avec un beau pain de campagne odorant et... le bonheur est dans l'assiette !

COMPOTE DE TOMATES AUX ÉPICES

Pour 4 personnes

4 grosses tomates bien mûres ou 1 l de pulpe de tomates en bouteille
1 cuillerée à café de cumin
1 cuillerée à café de curry
1 cuillerée à café de curcuma
1 cuillerée à soupe de graines de coriandre
1 cuillerée à soupe de sucre en poudre
1 cuillerée à café d'origan
1 fromage de chèvre frais
Huile d'olive au fruité mûr
Poivre blanc de Sarawak.
Quelques feuilles de basilic
Fleur de sel

En saison, j'utilise de la tomate fraîche très mûre et à défaut une bouteille de pulpe de tomates. Jetez dans une casserole avec un fond d'huile d'olive les tomates pelées et découpées grossièrement en morceaux. Ajoutez le cumin, le curry, le curcuma, les graines de coriandre concassées au mortier, l'origan, sans oublier le sucre en poudre pour éliminer l'acidité naturelle du fruit. Faites compoter à feu doux pendant une bonne heure environ si les tomates sont fraîches, et 45 minutes si vous avez utilisé de la pulpe en bouteille. Laissez ensuite refroidir.

Au moment de servir, à l'apéritif ou en guise d'entrée, versez la compotée de tomates dans des ramequins, des bols ou des assiettes creuses. Émiettez dessus du fromage de chèvre frais et arrosez d'un filet d'huile d'olive très fruitée. Jetez quelques petites feuilles de basilic, de l'excellente fleur de sel et une concassée généreuse de poivre blanc. Le poivre de Sarawak, récolté en Malaisie au nord de l'île de Bornéo, apporte toute la finesse qu'il faut, en y ajoutant des notes fraîches et boisées.

ASPERGES ET TRILOGIE DE SAUCES

Pour 4 personnes
2 bottes d'asperges vertes
1 jaune d'œuf
1 pincée de safran
1 demi-orange
Basilic
Huile d'olive
1 demi-mangue bien mûre
Sauce soja
Fleur de sel
Poivre blanc de Madagascar

⁂ *Faites cuire les asperges à la vapeur et gardez-les* al dente. *Servez-les avec trois sauces différentes.*

⁂ *Pour la sauce au basilic, pilez des feuilles avec de l'huile d'olive.*

⁂ *Pour la sauce à l'orange, émulsionnez le jus d'une demi-orange avec une pincée de safran et un jaune d'œuf.*

⁂ *Pour la sauce à la mangue, mixez la chair avec un peu de sauce soja.*

⁂ *Déposez sur l'assiette des grains de fleur de sel et du poivre blanc concassé.*

SALADE DE FENOUIL, ARTICHAUT ET CÉLERI

Pour 4 personnes
4 petits artichauts violets
1 bulbe de fenouil
1 cœur de céleri branche
1 oignon doux
Quelques feuilles de basilic
Huile d'olive verte et le jus d'un citron
Fleur de sel
Poivre blanc Xian gu

⁂ *Émincez le bulbe de fenouil à la mandoline, ou à la râpe à truffe. Détaillez le cœur de céleri avec les feuilles, découpez l'oignon en lamelles, et assaisonnez avec le jus de citron et l'huile d'olive. Préparez les artichauts pour ne conserver que le cœur et coupez-les en fins quartiers que vous mettrez immédiatement avec les autres légumes en tournant délicatement le tout pour que la sauce citronnée évite l'oxydation. Terminez avec une pluie de feuilles de basilic, de la fleur de sel et du poivre blanc concassé.*

⁂ *Avec ce plat, je vous conseille un vin blanc minéral, fluide et très légèrement oxydé, qui se jouera de l'astringence du vilain artichaut.*

MOSTELLE TOMATE-ORANGE-SAFRAN

Pour 4 personnes
1 mostelle de 1,2 kg environ
4 tomates moyennes bien mûres
6 oranges non traitées
1 pincée de pistils de safran
Fleur de sel
Huile d'olive
Poivre blanc de Malabar

⊰ Tirez les filets du poisson et préparez quatre portions identiques. Réservez au frais.

⊰ Dans une sauteuse, déposez les tomates coupées en petits morceaux dans un peu d'huile d'olive à feu moyen. Quand la chair a été réduite en purée, ajoutez le jus des oranges et un beau zeste finement coupé, les pistils de safran, mélangez et laissez cuire une dizaine de minutes pour que l'épice se développe et que le jus réduise un peu.

⊰ Placez cette préparation sur le fond d'assiettes creuses et déposez délicatement les filets de mostelle poêlés dix minutes à feu moyen. Salez précautionneusement et poivrez avec les grains concassés.

Cette recette peut se réaliser avec d'autres poissons : merlan, baudroie, roussette, murène, etc.

SALADE DE MANGUE VERTE ET CAROTTES

Pour 4 personnes

8 carottes de belle taille
1 mangue verte
Persil
Ciboulette
1 demi-citron
1 morceau de gingembre frais gros comme une noix
2 tiges de citronnelle fraîche
Huile d'olive au fruité vert
Poivre blanc de Muntok
Fleur de sel

⊰ Épluchez les carottes et débitez-les en rondelles fines. Émincez la mangue épluchée avec une mandoline ou une râpe à truffes. Ciselez les herbes et la citronnelle et coupez le gingembre le plus finement possible. Mélangez le tout, arrosez de jus de citron et d'huile d'olive.

⊰ Terminez avec une pluie de fleur de sel et du poivre blanc de Muntok concassé.

TARTARE DE TOMATES À LA MOZZARELLA

Pour 4 personnes

4 tomates mûres de variétés différentes
4 petites boules de *mozzarella di bufala*
Basilic
Huile d'olive au fruité mûr
Fleur de sel
Poivre blanc de Malabar

Le plus difficile pour réaliser cette recette est de trouver de bonnes tomates mûries au soleil !

⊰ Débitez en petits cubes un assortiment de tomates de différentes couleurs.

⊰ Déposez-les dans une passoire avec la fleur de sel afin de leur faire rendre du jus. Mélangez les cubes de tomates avec un hachis de feuilles de basilic et dressez sur des assiettes à l'aide de cercles en Inox. Lorsque ceux-ci sont à moitié remplis, ajoutez une petite boule de mozzarella di buffala *et recouvrez de tomates.*

⊰ Servez très frais avec un filet d'excellente huile d'olive au fruité mûr et du poivre blanc de Malabar fraîchement concassé.

LA CUISINE AU POIVRE ROUGE

AVEC QUOI L'ASSOCIER ?

Ce poivre aux arômes doux et chaleureux est pourtant l'un des plus puissants. Utilisez-le parcimonieusement avec le poulet et, en général, les viandes blanches, les soupes, les bouillis, l'os à moelle, les rognons, l'agneau, les salades cuites, les anchois… En fait, il peut se substituer au poivre noir.

NOTES DE DÉGUSTATION

CAMBODIA ; Origine : Cambodge
Cette grosse baie, brune et rougissante, est l'un des plus beaux poivres du monde. Il dispense des arômes puissants et sensuels, évoquant le pain chaud, le bois, les épices. Ses notes torréfiées sont d'une rare élégance. Poivre sublime.

TARTINE MÉDITERRANÉENNE

Pour 4 personnes
4 belles tranches de pain de campagne
1 gousse d'ail
1 grosse tomate très mûre
4 filets d'anchois
Petites olives niçoises
8 tomates séchées
4 cuillerées à café de câpres
Thym ou origan
Huile d'olive au fruité vert
Poivre rouge

Faites légèrement dorer les tranches de pain dans un four ou au grille-pain. Frottez-les ensuite avec un grain d'ail, plus ou moins fort et plus ou moins longtemps, en fonction de la puissance souhaitée. Écrasez la tomate gorgée de soleil (attention, elles sont rares !), afin que tout le jus imbibe le pain. Déposez sur chaque tartine un anchois au sel préalablement dessalé ou un filet à l'huile, deux tomates séchées, de petites olives niçoises, des câpres au sel, du thym frais ou de l'origan. Évitez de saler car l'anchois et les câpres apportent suffisamment de salinité. Arrosez généreusement d'huile d'olive et gratifiez cette tartine gourmande de grains de poivre rouge concassés.

Régalez-vous et n'oubliez pas que cette tartine se mange au cabanon, torse nu, sinon taches garanties !

Sur le même principe, vous pouvez improviser à volonté en variant les ingrédients... le plaisir est toujours au rendez-vous.

NEMS DE RATATOUILLE

Pour 4 personnes

Pour les nems :
16 galettes de riz
1 petite aubergine
1 petit poivron
1 petit oignon
1 gousse d'ail
1 petite courgette
Persil, basilic
Huile d'olive
Feuilles de salade et feuilles de menthe

Pour la sauce :
1 citron
Sauce soja
Fleur de sel
Poivre rouge Cambodia

Pour la friture :
1 litre d'huile de pépins de raisin

Découpez les légumes en petits cubes et faites-les sauter à l'huile d'olive en commençant par l'aubergine, ensuite le poivron, puis l'oignon, l'ail et finissez avec la courgette. Les légumes doivent être cuits et la courgette rester croquante. Ajoutez le persil et le basilic ciselés. Laissez refroidir.

Faites tremper les galettes deux par deux dans un peu d'eau, environ une minute, pour les assouplir. Déposez dessus une cuillerée à soupe de légumes et roulez la pâte pour confectionner des nems. Conservez au froid.

Préparez la sauce sur un mélange moitié sel, moitié poivre. Ajoutez le jus de citron et la sauce soja.

Au moment de servir, faites frire les nems deux par deux dans l'huile bouillante. Ils ne doivent pas se toucher, sinon ils risquent de se percer et de laisser les légumes s'échapper. Posez-les sur du papier absorbant et servez-les comme des nems traditionnels, que vous enroberez de feuilles de menthe et d'une feuille de salade et tremperez dans la sauce poivrée, avant de les croquer.

FOIES DE VOLAILLE AU BALSAMIQUE

Pour 4 personnes
400 g de foies de volaille
200 g de roquette ou de mesclun
Persil et ciboulette
Quelques grains de genièvre
15 cl de vinaigre balsamique
Huile d'olive au fruité vert
Fleur de sel
Poivre rouge Cambodia

Laissez tremper les foies dans de l'eau vinaigrée quelques minutes. Rincez-les, essorez-les et saisissez-les dans une poêle avec l'huile d'olive. Baissez le feu au minimum, mouillez avec le vinaigre, ajoutez les grains de genièvre légèrement concassés et laissez pendant une demi-heure. Servez chaud sur la salade juste assaisonnée d'huile d'olive, parsemez d'herbes ciselées, de fleur de sel et de poivre fraîchement concassé. Nappez avec le jus de cuisson.

POT-AU-FEU DE FOIE GRAS

Pour 4 personnes
80 cl de bouillon de volaille très maigre
200 g de foie gras de canard cru ou mi-cuit
1 petit poireau
1 demi-poivron
1 demi-courgette
Persil, cerfeuil, ciboulette, basilic, estragon
Fleur de sel
Poivre rouge Cambodia

Cette recette pourrait s'appeler bouillon maigre pour une fois gras.

Il faut commencer par préparer un bouillon de volaille, de préférence avec des carcasses de canard ou d'oie et le dégraisser complètement. Vous pouvez acheter du bouillon « tout prêt », si vous n'avez pas le temps de le préparer. Il sera servi très chaud, brûlant même, avec une fine julienne de poireaux, de peau de courgettes et de poivron, cuite al dente, *à la vapeur.*

Posez au centre de l'assiette une belle tranche de foie gras de canard cru, à condition qu'il soit de toute première fraîcheur et de très belle origine, sinon utilisez un foie gras mi-cuit de qualité. Versez en pluie une tombée d'herbes : ciboulette et persil ciselés, sommités de basilic et estragon, ainsi que quelques pluches de cerfeuil. Ajoutez quelques cristaux de fleur de sel. Du poivre rouge concassé fraîchement relèvera le tout... Attendez deux ou trois minutes avant de servir, afin que le foie fonde un peu et donne au liquide une texture extraordinairement soyeuse... Essayez... vous entendrez des louanges.

SARDINE À L'HUILE, ÉPINARDS ET POIS CHICHES

Pour 4 personnes
500 g de jeunes épinards
1 petite boîte de pois chiches de 400 g
2 boîtes de sardines à l'huile
1 citron
Persil et ciboulette
Huile d'olive au fruité vert
Fleur de sel
Poivre rouge Cambodia

Poêlez les épinards à cru dans de l'huile d'olive. Une minute suffira pour que les feuilles se froissent. Ajoutez les pois chiches rincés et égouttés et laissez à feu doux pendant cinq minutes.

Dressez dans des assiettes, posez les filets de sardine par-dessus, assaisonnez du jus du citron, d'huile d'olive, d'herbes hachées, de fleur de sel et de poivre grossièrement écrasé.

TARTINE AU THON EN BOÎTE ET TOMATES SÉCHÉES

Pour 4 personnes
Une boîte de thon de 150 g
8 tranches de pain
8 tomates séchées
1 gousse d'ail
Origan ou thym
Huile d'olive au fruité mûr
Fleur de sel
Poivre rouge Cambodia

Vous l'avez compris, j'aime les tartines, car c'est du fast-food intelligent.

Mixez les tomates séchées avec le grain d'ail, les herbes aromatiques et l'huile d'olive.

Étalez la pâte obtenue sur les tranches de pain grillées, répartissez le thon réduit en miettes, gratifiez le tout d'un trait d'huile d'olive, de fleur de sel et de poivre concassé généreusement.

Pour ce délice d'apéritif, succombez au plaisir d'un vin muscat de Beaumes-de-Venise.

LA CUISINE AU POIVRE CUBÈBE

AVEC QUOI L'ASSOCIER ?

Il s'entend très bien avec les viandes comme le canard, le pigeon, la pintade, l'agneau et également avec le foie gras. Mais aussi avec les poissons comme le loup, le cabillaud, le lieu, la lotte et encore mieux avec les crustacés, langoustines et langouste en tout premier lieu. Il convient à de nombreux légumes et fait merveille avec les salsifis. Il aime particulièrement les fruits, mangue, coing, fraise, cerises, abricot et tous les agrumes, citron et mandarine en tête.

COMPOTE D'ABRICOTS AU ROMARIN

Pour 4 personnes
500 g d'abricots très mûrs
1 branche de romarin
10 cl de sucre de canne liquide
Huile d'olive
Poivre cubèbe

Commencez par faire infuser le romarin dans le sucre quelques minutes à feu doux. Laissez refroidir et goûtez. Le goût du romarin doit être discret et subtil. S'il est trop puissant, ajoutez du sucre.

Dans ce sirop parfaitement équilibré, faites compoter à feu très doux les abricots dénoyautés bien mûrs pendant une bonne demi-heure et conservez au froid. Servez avec un mince filet d'huile d'olive au fruité noir. Quelques miettes de cubèbe termineront magistralement ce dessert.

Des variantes sont possibles. Vous pouvez notamment remplacer le sirop au romarin par un sorbet du même parfum. Dans ce cas, servez la compote tiède pour faire un beau contraste.

Je ne saurais trop vous conseiller d'accompagner cette compote d'un vin muscat de Beaumes-de-Venise, très frais... il n'y a pas meilleur avec ce dessert !

AGNEAU AU MIEL, POIVRONS CONFITS ET CUBÈBE

Pour 4 personnes
4 pavés de selle d'agneau ou 4 tranches épaisses de gigot
1 cuillerée à soupe de vinaigre balsamique
1 cuillerée à café de miel
Huile d'olive
Fleur de sel
Poivre cubèbe

Pour les poivrons confits :
2 gros poivrons rouges ou jaunes
Huile d'olive
4 gousses d'ail
Feuilles de laurier

Commencez par préparer les poivrons confits. Choisissez des poivrons bien rouges, bien jaunes et bien luisants ! Un poivron de belle taille convient pour deux personnes. Coupez-les en lanières, et faites cuire à la poêle dans l'huile d'olive. Ajoutez des gousses d'ail en chemise et quelques feuilles de laurier. Démarrez à feu vif pour que les poivrons se colorent et fripent leur robe. Baissez le feu tout de suite après, et laissez confire pour que l'huile pénètre toute la masse jusqu'à l'âme. « Ça doit cuire tout doux, tout doux, tout doucement, Que ça rie, ou plutôt, sourie ! » afin de suivre les poétiques conseils de Joseph Delteil.

Une bonne demi-heure sera nécessaire pour confire ces poivrons à cœur...

Pendant ce temps, coupez des carrés charnus dans du gigot ou de la selle d'agneau, faites-les sauter à la poêle simplement vaporisée à l'huile d'olive. Laissez colorer les morceaux sur toutes les faces, juste pour cuire l'agneau rosé à cœur. Déposez la viande au centre des assiettes, déglacez la poêle avec le vinaigre balsamique et le miel. Dans l'assiette, faites une belle écriture avec ce déglaçage, parsemez de fleur de sel, et poudrez-les de poivre à queue concassé. Accompagnez ce plat des poivrons confits.

CARPACCIO D'AGNEAU

Pour 4 personnes
250 g d'agneau sans gras
1 petit citron
1 cuillerée à soupe de ras-el-hanout
15 cl d'huile d'olive au fruité noir
Fleur de sel
1 cuillerée à café de graines de cumin
Persil
Poivre cubèbe

✈ Débitez dans du gigot, du filet ou de la selle d'agneau de petits morceaux, de la grosseur d'un demi-pouce, de chair maigre que vous aplatirez avec la paume de la main ou le plat d'un grand couteau. Mettez-les à mariner dans le jus du citron additionné de la poudre de ras-el-hanout. Arrosez d'huile d'olive et laissez au frais quelques heures. Au moment du service, n'oubliez pas la fleur de sel, le persil ciselé, les graines de cumin et du poivre cubèbe émietté.

✈ Vous pouvez servir avec une salade mélangée, roquette et mâche. Vous pouvez aussi confectionner des palets d'épeautre, préparer de la graine de couscous ou une salade de pois chiches.

✈ On n'a pas pour habitude de consommer l'agneau cru et pourtant c'est délicieux, autant que surprenant.

✈ Si vraiment vous hésitez à le déguster ainsi, je vous propose une variante à cette recette avec du canard. Choisissez du magret détaillé en fines tranches, utilisez de l'huile de noisette, un vinaigre parfumé légèrement à la framboise ou à la figue, ajoutez de l'échalote crue et du persil plat ciselé, sans oublier le poivre à queue.

✈ Vous pouvez servir avec la même garniture ou en imaginer une autre.

CREVETTES AU COLOMBO, SALADE DE MELON À L'OSEILLE

Pour 4 personnes
16 belles crevettes
Huile de pépins de raisin
1 cuillerée à soupe de colombo
1 melon
1 botte d'oseille
Huile d'olive très douce
1 citron vert
Poivre cubèbe
Fleur de sel

✈ Triez l'oseille en prenant soin d'ôter les tiges. Lavez-la soigneusement, essorez-la. Mélangez les feuilles à la chair du melon détaillée en cubes. Assaisonnez d'huile d'olive et de jus de citron. Salez et poivrez.

✈ Décortiquez les crustacés. Entaillez la chair sur le haut dans toute la longueur et ouvrez-les comme un portefeuille en retirant l'intestin de couleur sombre. Poêlez-les à feu vif, trois ou quatre minutes dans l'huile de pépins de raisin additionnée de colombo.

✈ Posez-les sur la salade de melon et d'oseille, dégustez.

BLANC-MANGER AU CITRON VERT

Pour 4 personnes
Un pot de crème fraîche liquide de 50 cl
4 citrons verts
15 cl de sucre de canne liquide
4 feuilles de gélatine ou l'équivalent en agar-agar
Zestes d'agrumes confits
Poivre cubèbe

➳ Pressez trois ou quatre citrons verts, appelés limes car ils sont les fruits du limier, ajoutez le sucre de canne et mélangez le tout avec la crème. Goûtez : le mélange doit rester acide mais « agréable » et ne doit pas être trop sucré. Ajoutez l'agar-agar ou les feuilles de gélatine ramollies dans un peu d'eau chaude, moulez dans des ramequins individuels ou un saladier, et laissez au frais pendant quelques heures.

➳ Servez les blancs-manger. Si vous avez opté pour un saladier, servez-vous d'une cuillère à glace pour faire des boules ou de gros copeaux de crème. Nappez de zestes confits et ajoutez une tombée parcimonieuse de poivre cubèbe préalablement concassé.

➳ En période hivernale, on trouve d'admirables dattes medjoul jumbo. C'est un vrai bonheur, elles sont charnues, moelleuses et sucrées à souhait. Vous pouvez les servir farcies de la préparation citronnée après les avoir dénoyautées ou en faire une crème qui accompagnera la mousse citronnée. Pour la crème, faites chauffer à feu très doux des dattes dénoyautées avec un peu de crème fraîche et mixez le tout.

➳ Quant aux zestes d'agrumes confits, vous pouvez également les préparer de la façon suivante : à l'aide d'un couteau économe, prélevez le zeste d'un beau citron, très finement, sans la peau blanche. Il va de soi qu'il faut utiliser des agrumes non traités. Taillez la peau en très fines lamelles et faites-les confire dans un mélange moitié huile d'olive, moitié sucre, à feu extrêmement doux pendant une heure. Le zeste doit conserver sa couleur, une certaine souplesse et être très tendre. Goûtez, et si l'amertume est excessive, prolongez la cuisson. Ces zestes pourront être utilisés dans d'autres desserts. Ils se conservent fort bien au réfrigérateur.

LA CUISINE AU POIVRE LONG

AVEC QUOI L'ASSOCIER ?

Ce poivre, le plus doux de toute la famille, est facile à utiliser, vous pouvez l'employer pour les mêmes usages que le poivre noir, mais n'oubliez pas qu'il affectionne particulièrement les viandes comme l'agneau, le porc, la pintade, le gibier et aussi le foie gras. Il est idéal pour assaisonner les pâtés, cornichons et pickles. Il s'harmonise avec de nombreux poissons avec une préférence pour la lotte et le cabillaud. Il fait merveille sur une purée de pommes de terre et épice admirablement les plats de légumes, le riz, les pâtes ou les soupes. Son côté « épicé » le destine naturellement à accompagner les fromages de chèvre. Vous surprendrez vos hôtes en l'utilisant dans les desserts au chocolat. Il aime beaucoup les fruits, ananas, abricot, coing, figue, fraise, melon, coing, noix de coco, rhubarbe…

PAIN PERDU AUX FIGUES

Pour 4 personnes
8 tranches de pain brioché
2 œufs
8 figues mûres
Beurre
Sucre en poudre
1 citron non traité
Poivre long

Trempez légèrement dans de l'œuf battu des tranches de brioche ou de pain aux raisins, aux noix ou au müesli. Poêlez à feu doux dans du beurre quelques minutes afin de dorer les deux faces. Déposez dessus des quartiers de figues bien mûres, poudrez de sucre cristal et ajoutez une râpée de zeste de citron et une de poivre long.

Une glace à la vraie vanille sera la bienvenue en accompagnement.

CRÈME DE COURGE

Pour 4 personnes
1 kg de courge
1 bâton de cannelle
15 cl d'huile d'olive au fruité mûr
15 cl d'eau
Persil
Fleur de sel
Poivre long
Facultatif, mais fortement recommandé : du *lardo di Colonnata*

Une crème de courge, c'est bête comme chou... Épluchez et coupez le quartier de courge en morceaux grossiers. Faites-les cuire à la vapeur dans votre cuiseur ou couscoussier avec juste un fond d'eau dans lequel vous briserez en morceaux un beau bâton de cannelle. La courge doit être tendre (la pointe d'un couteau d'office doit s'enfoncer facilement).

Mixez ces morceaux avec l'huile d'olive et l'eau de cuisson aromatisée à la cannelle. Servez chaud avec une tombée de fleur de sel, du persil ciselé et le poivre long concassé.

Des tartines de pain, rôties et aillées, feront un accompagnement parfait.

Si vous avez acheté un morceau de lardo di Colonnata, *n'hésitez pas, c'est le compagnon idéal de cette entrée hivernale... mais le gras d'un beau jambon pata negra fera l'affaire... et comble du luxe, quelques lamelles épaisses de truffe... j'aime cette simplicité !*

AGNEAU AU RAS-EL-HANOUT, CŒUR-DE-BŒUF ET ROQUETTE

Pour 4 personnes
4 tranches de gigot d'agneau ou 4 pavés de selle
Huile d'olive au goût mûr
Huile de pépins de raisin
1 cuillerée à soupe de ras-el-hanout
1 grosse tomate cœur-de-bœuf
Miel de lavande ou d'acacia
4 poignées de roquette
Fleur de sel
20 cl de bouillon de volaille ou de légumes
Vinaigre balsamique
Poivre long

Voici un joli pied de nez aux stupides feuille de salade et quartier de tomate, qui ont servi et continuent de servir de « déco » dans les assiettes de lieux infréquentables.

Dans une poêle, faites chauffer doucement de l'huile de pépins de raisin dans laquelle vous aurez saupoudré une cuillerée à soupe de ras-el-hanout et une demi-cuillerée à café de miel de lavande ou d'acacia. Montez légèrement le feu et faites dorer les tranches d'agneau, qui doivent, idéalement, rester roses au cœur.

Disposez sur chaque assiette une poignée de roquette assaisonnée d'huile d'olive et d'un trait de vinaigre balsamique, puis une belle tranche de tomate charnue et juteuse. Ajoutez une tranche d'agneau.

Le miel et les épices ont formé une croûte dans le fond de la poêle. Récupérez ces sucs en déglaçant avec un bouillon léger de volaille ou de légumes. Nappez la viande de ce jus, salez légèrement et n'oubliez pas la tombée de poivre long concassé qui relèvera tout cela.

BOULETTES VÉGÉTALES DE KARINE

Pour 4 personnes (soit une douzaine de boulettes)
1 bol de noix ou d'amandes mixées
2 bols de chapelure de biscottes complètes
1 gros oignon coupé finement
1 grosse poignée de persil ciselé
Quelques feuilles de menthe ciselées
1 cuillerée à soupe du mélange « pasta risotto provençal » gamme Gérard Vives
1 œuf
2 cuillerées à soupe de levure maltée
Fleur de sel
Eau
Poivre long

Pour la sauce :
4 poivrons rouges
1/2 orange
Huile d'olive au fruité vert

Préparation de la sauce : rincez les poivrons et coupez-les en deux dans le sens de longueur. Faites-les cuire au panier vapeur (environ 10 minutes, attention il ne faut pas les faire trop cuire), et mixez-les avec le jus d'une demi-orange.

Préparation des boulettes : mélangez tous les ingrédients (sauf le poivre long) dans un saladier, ajoutez un peu d'eau (environ 2 cuillerées à soupe) pour obtenir une consistance de pâte, formez les boulettes et mettez-les à four chaud (180 °C) jusqu'à formation d'une petite croûte. Retirez-les du four et faites-les mijoter à feu doux dans la sauce aux poivrons (si vous n'aimez pas les poivrons, ça marche aussi avec une sauce tomate).

Servez sans oublier un trait d'huile d'olive et une pluie de poivre long concassé.

COMPOTE DE RHUBARBE, YAOURT ET POIVRE LONG

Pour 4 personnes
10 petites tiges de rhubarbe
1 tasse à café de sucre en poudre
2 yaourts nature
10 cl de sucre de canne liquide
Quelques petites feuilles de basilic
Huile d'olive au fruité vert
Poivre long

Rapportez du jardin une dizaine de tiges de rhubarbe... eh oui, c'est un luxe ! Sinon, allez sur un marché, on en trouve pendant plusieurs mois de l'année. Coupez-les en morceaux de 4 à 5 centimètres. Mettez-les dans une sauteuse avec un fond d'eau et le sucre en poudre. Faites compoter à feu doux pendant une demi-heure en tournant de temps en temps. Assurez-vous que la rhubarbe est bien fondue. S'il reste des morceaux, ils doivent être tendres sous la pointe d'un couteau. Placez la compote au froid.

Travaillez les yaourts au fouet avec le sucre liquide et versez dans des pots en verre (les anciens pots à confiture sont parfaits). Ajoutez la compote et ornez l'ensemble d'un filet d'huile d'olive verte et peu ardente, de quelques petites feuilles de sommités de basilic et du poivre long finement râpé.

On peut remplacer le yaourt par une boule de glace à la crème ou au lait confit, cela fonctionne aussi bien.

FROMAGE DE CHÈVRE AU MIEL DE CHÂTAIGNIER

Pour 4 personnes
1 fromage de chèvre frais
2 cuillerées à soupe de miel de châtaignier
Huile d'olive au fruité mûr
Menthe fraîche
Poivre long

Travaillez à la fourchette ou avec les doigts un fromage de chèvre frais et faites-en de petites boules, que vous aplatirez pour préparer de mini-palets. Faites un creux au centre à l'aide de votre pouce et versez-y un filet d'un magnifique miel de châtaignier. Laissez tomber de la menthe fraîche ciselée, versez un filet d'huile d'olive douce au fruité mûr et râpez du poivre long d'Indonésie.

À déguster très frais, en apéritif, en entrée ou à la fin du repas... mais impérativement avec un verre de blanc tout en fraîcheur et minéralité.

ANANAS CARAMÉLISÉ

Pour 4 personnes
1 petit ananas
Sucre brun
1 cuillerée à soupe de beurre
Vieux rhum brun
Poivre long

Faites rôtir l'ananas à la poêle dans du beurre et du sucre brun « muscovado dark sugar ». Ce merveilleux sucre étant très difficile à trouver, un autre sucre brun, genre cassonade, fera l'affaire. Caramélisez les tranches, elles doivent avoir une belle couleur brune. Mouillez d'un trait de vieux rhum pour donner du corps à l'ensemble. Une râpée de poivre long donnera un incomparable relief à ce dessert.

Je vous conseille un verre de vieux rhum avec ce dessert, fermez les yeux, vous allez rêver.

LAPIN AU CIDRE ET À LA CANNELLE

Pour 4 personnes
1 petit lapin débité en morceaux ou 4 râbles
Une bouteille de cidre très sec
6 bâtons de cannelle
20 cl de crème fraîche
Fleur de sel
Poivre long

Versez le cidre dans une sauteuse, déposez les découpes de lapin, ajoutez la cannelle, deux verres d'eau et portez à ébullition. Aux premiers bouillons, baissez le feu et laissez à feu doux, une heure trente. La chair doit être tendre, une pointe de couteau d'office doit s'enfoncer sans difficulté.

Réservez le lapin. Filtrez le jus de cuisson et réduisez-le jusqu'à obtention de l'équivalent d'un verre à moutarde de jus épaissi. Ajoutez la crème, augmentez le feu jusqu'à ébullition et baissez-le à nouveau. Mettez la viande dans la sauteuse et nappez les morceaux de crème. Laissez cinq minutes. Servez, salez et poivrez.

Accompagnez de riz blanc ou de pommes de terre à l'eau.

POIRES AU BEURRE SALÉ ET GLACE À LA BANANE

Pour 4 personnes
2 poires un peu fermes
2 cuillerées à soupe de beurre salé
Sirop au poivre long
Glace à la banane

Poêlez des quartiers de poire dans du beurre salé. Ils doivent devenir fondants, mais garder de la consistance à cœur. Servez chaud, nappé d'un sirop « caramélisé » au poivre long, avec une glace à la banane.

Le sirop au poivre long se prépare sur le modèle du sirop au poivre noir, voir page 108, recette fondant au chocolat.

Si vous ne trouvez pas de glace à la banane dans le commerce, vous pouvez la réaliser vous-même. Mixez 500 g de bananes bien mûres avec deux blancs d'œuf montés en neige. Ajoutez un peu de sucre de canne liquide si la préparation n'est pas assez sucrée. Mettez quinze minutes dans la sorbetière et le tour est joué !

Dégustez impérativement avec un vin muscat ambré.

MILLEFEUILLE D'AUBERGINES

Pour 4 personnes
2 aubergines de petite taille, plutôt longues que rondes
1 belle tomate cœur-de-bœuf
1 courgette
1 petit poivron
1 petit oignon
1 gousse d'ail
1 cuillerée à soupe de pignons de pin
Basilic
Huile d'olive
Fleur de sel
Poivre long

Découpez les aubergines en rondelles d'un demi-doigt d'épaisseur, sans les éplucher. Faites-les dorer dans l'huile d'olive, épongez-les longuement et réservez-les.

Dans une sauteuse, faites dorer à l'huile d'olive l'oignon émincé et le poivron découpé en petits morceaux. Ajoutez ensuite l'ail coupé finement, puis la courgette et la tomate coupées en petits cubes. Laissez à feu moyen pendant trente minutes, jusqu'à l'obtention d'une compote. Ajoutez les pignons de pin, le basilic ciselé, la fleur de sel et le poivre long concassé.

Préchauffez le four à 300 °C (thermostat 10).

Dans un plat allant au four, que vous aurez huilé, déposez des rondelles d'aubergines et ensuite une couche de compote de légumes, puis à nouveau une rondelle d'aubergine et ainsi de suite, pour obtenir des millefeuilles...

Enfournez dix minutes.

Idéalement, accompagnez cette entrée d'un sorbet au poivron, mais si vous n'en trouvez pas, une salade de roquette fera l'affaire.

> *SOUPE DE CONCOMBRE*
> *MIXEZ DEUX CONCOMBRES SANS LA PEAU AVEC UN GRAIN D'AIL POUR LES FAIRE CHANTER. VERSEZ LA SOUPE DANS UN BOL... FAITES UNE LONGUE SPIRALE À L'HUILE D'OLIVE, DU POIVRE LONG, DU SEL, VOILÀ... CE N'EST PAS COMPLIQUÉ, LA CUISINE !!!*

SALADE DE MUSCARDINS

Pour 4 personnes

16 petits poulpes muscardins
1 tranche de pastèque
Mesclun
2 petits oignons frais
Le jus d'1 demi-citron
Huile d'olive verte
1 gousse d'ail
Persil et basilic
Vinaigre
Fleur de sel
Poivre long d'Indonésie

Muscardin, c'est le nom que l'on donne en Méditerranée aux petits poulpes.

Faites cuire les poulpes pendant quinze minutes à frémissement, dans de l'eau additionnée d'un bon trait de vinaigre. Laissez-les refroidir dans l'eau de cuisson, égouttez-les et frottez-les pour enlever la peau qui viendra toute seule.

Découpez-les ou laissez-les entiers selon votre envie, et mettez-les à mariner au frais quelques minutes dans de l'huile d'olive, le jus de citron, l'ail coupé finement, le persil et le basilic ciselés.

Dressez dans les assiettes la salade, les oignons émincés, des quartiers de chair de pastèque. Posez les muscardins dessus et nappez de marinade, saupoudrez de fleur de sel et poivrez généreusement avec le poivre long concassé.

Vous pouvez servir ces mini-poulpes avec une salade de pois chiches.

CHÈVRE CHAUD SUR CANAPÉ D'AUBERGINES

Pour 4 personnes

4 petites aubergines
Un gros fromage de chèvre demi-sec
Huile d'olive
Vinaigre balsamique
Thym
Poivre long

Coupez les aubergines en deux dans le sens de la longueur sans les éplucher. Faites-les dorer, côté chair, dans l'huile d'olive à feu très vif. Quand une coloration soutenue est obtenue, tournez-les côté peau, jetez l'huile de cuisson (il suffit de pencher votre poêle au-dessus de l'évier, l'opération est aisée avec l'aide d'un couvercle qui retient les légumes) et baissez le feu au minimum. Cinq minutes plus tard, versez avec générosité du vinaigre balsamique, retournez les légumes côté chair sur la poêle et laissez compoter tout doucement pendant trente minutes.

Vous pouvez déguster les aubergines chaudes ou froides selon votre goût. Recouvrez-les, côté chair, de copeaux épais de fromage de chèvre, sec mais pas piquant, ajoutez quelques brindilles de thym et enfournez dans un four très chaud quelques minutes. Quand le fromage fait des bulles et prend de la couleur, sortez les aubergines du four, râpez sans hésitation du poivre long et dégustez. Évitez le sel car les fromages secs sont souvent très salés.

Vous pouvez servir avec une salade de roquette à l'huile d'olive (sans vinaigre).

Les aubergines confites, sans le fromage, peuvent servir de garniture à différents plats : canard, volaille, porc, agneau...

CÔTES DE PORC ET ENDIVES CARAMÉLISÉES

Pour 4 personnes
4 côtes de porc
4 endives
Beurre
Huile de pépins de raisin
Mélange « crème brûlée » création Gérard Vives,
ou 2 fleurs de macis et du sucre cristal
1 citron
Fleur de sel
Poivre long

Coupez les endives en deux ou en quatre dans le sens de la longueur, faites-les dorer sur toutes les faces dans un mélange beurre-huile, baissez ensuite le feu au minimum, poudrez de mélange « crème brûlée » et laissez confire 45 minutes. À mi-temps, tournez les légumes.

Servez-les avec quelques gouttes de citron, accompagnées de côtes de porc dorées. Assaisonnez de fleur de sel et de poivre long concassé.

FÈVES CONFITES ET ABRICOTS SECS

Pour 4 personnes
200 g de fèves écossées
50 cl d'eau
350 g de sucre en poudre
100 g d'abricots secs
10 cl de sucre de canne liquide
1 citron
Poivre long

Faites confire les fèves à feu doux, dans l'eau et le sucre, pendant 45 minutes. Égouttez, laissez refroidir sur une grille. Ôtez la peau qui entoure chaque fève.

Mixez les abricots secs avec le sucre de canne liquide. Ajoutez un peu de sucre si la pâte obtenue est trop sèche.

Dressez la crème d'abricot sur des assiettes, ou dans des ramequins, ajoutez les fèves, gratifiez d'un trait de jus de citron et d'une râpée de poivre long.

Un sorbet d'abricot ou d'un autre fruit acide compensera la sucrosité de ce dessert.

Il est idéal après un repas pimenté pour apaiser les palais.

DESSERT AU CHOCOLAT IMPROVISÉ
FAITES GRILLER DE TRÈS FINES TRANCHES DE PAIN, IMBIBEZ-LES DE QUELQUES GOUTTES D'UNE HUILE D'OLIVE AU GOÛT DE FRUIT MÛR, RECOUVREZ DE COPEAUX DE CHOCOLAT NOIR INTENSE, ÉCRASEZ DEUX FLOCONS DE FLEUR DE SEL ET RÂPEZ DU POIVRE LONG.

ÉPICES POUR UN AGNEAU
J'AI CRÉÉ UN MÉLANGE DÉJÀ PRÊT À L'EMPLOI, MAIS VOUS POUVEZ RÉALISER LE VÔTRE DE MANIÈRE SIMPLIFIÉE. CONCASSEZ AU MORTIER ET RÉDUISEZ EN POUDRE UN MÉLANGE DE BAIES DE GENIÈVRE, DE POIVRE LONG, DE FEUILLES DE MENTHE, D'ÉCORCES D'ORANGE, DE CERNEAUX DE NOIX. RÉALISEZ LE DOSAGE EN FONCTION DE VOTRE GOÛT. LAISSEZ SÉCHER QUELQUES HEURES ET RANGEZ DANS UN RÉCIPIENT HERMÉTIQUE. QUAND VOUS L'UTILISEREZ, AJOUTEZ GÉNÉREUSEMENT DU POIVRE LONG CONCASSÉ.

FROMAGE DE CHÈVRE AMÉLIORÉ
AVEC LES FROMAGES DE CHÈVRE FRAIS, AJOUTEZ UN FILET D'HUILE D'OLIVE ET DU POIVRE LONG. APICIUS UTILISAIT DES GRAINES DE FENOUIL, DE LA MENTHE ET DU MIEL ET AVAIT BAPTISÉ CETTE RECETTE DU NOM DE MORETUM VIGILANUM.

LA CUISINE AU VOATSIPERIFERY

AVEC QUOI L'ASSOCIER ?

Malgré sa complexité olfactive, ce poivre est facile à utiliser. Vous pouvez l'employer pour assaisonner vos salades, mais il aime aussi les viandes et plus particulièrement le porc et l'agneau, mais aussi les poissons blancs. Il est exceptionnel sur le foie gras. Parmi les légumes avec lesquels il se sent parfaitement à l'aise, il a une préférence pour la pomme de terre. Il est le compagnon idéal des fromages blancs et affectionne particulièrement les fromages de chèvre. Il est parfait pour réaliser pâtés, conserves, cornichons et autres pickles, mais c'est dans les desserts que vous surprendrez le plus vos hôtes, avec les fruits, melons, fraises, cerises, pommes et poires et surtout avec le chocolat.

HUÎTRES EN GELÉE D'EAU DE MER

Pour 4 personnes
16 huîtres peu salées
2 cuillerées à soupe d'agar-agar
Poivre sauvage voatsiperifery

Ouvrez les huîtres et récupérez leur eau que vous filtrerez. Chauffez-la légèrement et ajoutez l'agar-agar. Rincez les huîtres pour enlever tous les éclats, replacez-les dans leurs coquilles avec deux ou trois grains de voatsiperifery concassés par huître et recouvrez du mélange eau-agar-agar. Laissez au froid le temps que la gelée prenne.

Vous pouvez servir les coquillages avec de petites pommes de terre cuites à l'eau, coupées en quartiers, mélangées à de la crème fraîche épaisse, de l'échalote grise émincée, du zeste de citron finement râpé et de la ciboulette.

HARICOTS COCO IODÉS ET MERLAN

Pour 4 personnes
1 merlan d'environ 1 kg
600 g de haricots à écosser
2 violets ou 3 huîtres
Huile d'olive douce au fruité mûr
Fleur de sel
Poivre sauvage voatsiperifery

Coupez la tête et la queue du poisson, que vous garderez pour une soupe. Découpez le poisson en quatre beaux tronçons et réservez-les au frais.

Faites cuire les haricots dans de l'eau jusqu'à ce qu'ils deviennent très tendres. Conservez un peu d'eau de cuisson. Mixez les haricots avec la chair des violets ou des huîtres et un filet d'huile d'olive. Éventuellement, si votre mixeur souffre, ajoutez un peu d'eau de cuisson.

Versez la crème dans des assiettes creuses et déposez les tranches de merlan dorées à feu vif dans de l'huile d'olive. Salez très peu et poivrez modérément.

Cette recette peut se réaliser avec de la roussette ou de la murène.

PÂTES À LA CRÈME DE CITRON

Pour 4 personnes
500 g de pâtes selon votre choix
1 citron non traité
Ciboulette
Persil
25 cl de crème fraîche
Fleur de sel
Poivre sauvage voatsiperifery
Parmesan râpé (facultatif)

Faites cuire les pâtes de votre choix al dente. *Pendant la cuisson, versez la crème fraîche dans une sauteuse, ajoutez-y le jus du citron et la moitié de la peau du fruit très finement râpée. Portez à feu fort jusqu'aux premières bulles puis baissez.*

Quand les pâtes sont cuites, mettez-les dans la sauteuse, avec un peu de leur eau de cuisson. Tournez tout cela et laissez une minute à feu doux.

Servez avec une pluie de ciboulette hachée, de feuilles de persil, des cristaux de fleur de sel et le poivre sauvage, à peine concassé.

Vous ajouterez du parmesan râpé selon votre goût, mais c'est facultatif.

APÉRITIF MAGIQUE

Mettez une pincée de voatsiperifery moulu dans un verre de champagne et déposez dans le verre des copeaux de sorbet à la mandarine, au moment de l'apéritif ou au dessert, c'est magique.

POTS DE MOULES

Pour 4 personnes
4 pots « le Parfait » de taille moyenne
1 litre de moules
1 orange non traitée
1 citron non traité
1 citron vert non traité
Aneth ou fenouil en branche, basilic, menthe fraîche, romarin et thym frais
Huile d'olive
Quelques étoiles de badiane
Fleur de sel
Poivre sauvage voatsiperifery

Déposez à l'intérieur de chacun des pots, en répartissant, les zestes des agrumes, l'aneth ou une branche de fenouil, le basilic, la menthe fraîche, des étoiles de badiane, le romarin, le thym frais et les moules dans leurs coquilles, précautionneusement nettoyées. Arrosez du jus de l'orange et des citrons, laissez tomber une pluie de fleur de sel, des traits d'huile d'olive et du poivre sauvage voatsiperifery de Madagascar.

Fermez les pots. Déposez-les dans une sauteuse remplie à moitié d'eau frémissante et laissez à feu moyen pour une vingtaine de minutes. Servez les pots, chacun sur une assiette, en utilisant un torchon car ils sont brûlants. Ouvrez sous le nez des convives. Surprise et explosion aromatique sont garanties !

SALADE DE CHAMPIGNONS DE PARIS

Pour 4 personnes
500 g de petits champignons de Paris
Persil
Huile de noix
Huile de pépins de raisin
Fleur de sel
Poivre sauvage voatsiperifery
1 demi-citron

Les champignons de Paris sont d'excellents champignons, avec du goût... consommez-en sans modération. Choisissez-les très frais, c'est-à-dire très blancs, quand ils ressemblent à des bouchons de champagne et non à des parasols avec des lamelles noires sous l'ombrelle. Émincez-les avec un couteau d'office bien aiguisé (ça ne change pas le goût, mais c'est plus facile et plus agréable de travailler avec de bons outils) et assaisonnez d'une émulsion d'huile de noix et d'huile de pépins de raisin, moitié-moitié, de jus de citron, de persil ciselé, de fleur de sel et de voatsiperifery à peine concassé.

On peut imaginer une variante de cette recette avec de petits cèpes très frais. Remplacez le mélange huile de noix, huile de pépins par une huile d'olive douce au goût herbacé, ajoutez de l'oignon doux de Lézignan émincé et des copeaux de parmesan.

ROUGETS POÊLÉS AU RAS-EL-HANOUT ET CRÈME D'AUBERGINE

Pour 4 personnes
4 petites aubergines
8 rougets de roche de belle taille
1 cuillerée à soupe de ras-el-hanout
Huile d'olive très verte
Poivre sauvage voatsiperifery
Fleur de sel

Coupez les aubergines en deux, incisez la chair, enduisez d'huile d'olive et mettez dans une papillote de papier aluminium dans un four à 220 °C (th. 7) pendant trente minutes. Quand les légumes sont cuits, raclez la chair et écrasez-la à la fourchette ou mixez-la avec un filet d'huile d'olive.

Déposez la crème ainsi obtenue au centre d'une assiette, poêlez les filets de rougets dans l'huile d'olive avec le ras-el-hanout, une minute côté peau et deux minutes côté chair. Posez sur la crème d'aubergine, poudrez de fleur de sel et de voatsiperifery concassé.

ESCARGOTS, ARTICHAUTS, TOMATES SÉCHÉES

Pour 4 personnes
400 g de chair d'escargots cuits
2 artichauts violets
4 cuillerées à soupe de tomates séchées
1 cuillerée à café de graines de coriandre
1 gousse d'ail
4 poignées de roquette
Basilic
Huile d'olive verte
Vinaigre balsamique
Fleur de sel
Poivre sauvage voatsiperifery

Faites sauter vivement, à l'huile d'olive, les escargots et les artichauts émincés en quartiers. Après trois minutes, ajoutez l'ail en lamelles, les morceaux de tomates et la coriandre. Laissez encore deux minutes.

Dressez joliment sur un lit de roquette, déglacez la poêle avec le vinaigre et assaisonnez-en le plat, puis ajoutez des feuilles de basilic, un filet d'huile d'olive, de la fleur de sel et du poivre sauvage légèrement concassé.

ARTICHAUTS À L'ÉMULSION DE PERSIL

Pour 4 personnes
4 artichauts violets
1 petit oignon doux
1 demi-citron
Persil
Huile d'olive au fruité vert
Fleur de sel
Poivre sauvage voatsiperifery

Débarrassez les artichauts des feuilles les plus dures et éventuellement de la barbe. Émincez les cœurs en fins quartiers et trempez-les dans une eau légèrement citronnée pour éviter qu'ils noircissent.

Après avoir égoutté les tranches d'artichaut, séchez-les complètement sur du papier absorbant et dressez-les harmonieusement sur une assiette. Ajoutez un hachis d'oignons doux de Lézignan et nappez d'un coulis d'huile d'olive verte, de jus de citron et de persil. Assaisonnez de fleur de sel et de voatsiperifery concassé.

Cette entrée fraîche peut être accompagnée de pain de campagne légèrement toasté et d'une tranche de jambon, à condition qu'il soit de bonne origine.

Elle peut également servir de garniture à des petits rougets de roche ou à des côtelettes d'agneau grillées.

FONDUE D'OIGNONS À LA FEUILLE DE CITRONNIER

Pour 4 personnes
300 g d'oignons doux
10 jeunes feuilles de citron
1 cuillerée à café de sucre en poudre
1 citron non traité
Huile d'olive très douce
Poivre sauvage voatsiperifery

Émincez les oignons en lamelles très fines. Mettez-les dans une poêle pulvérisée d'huile d'olive, avec le sucre, à feu doux. Quand les oignons commencent à devenir translucides, ajoutez les feuilles d'agrumes finement ciselées. Laissez encore cinq minutes et servez avec du poivre sauvage concassé et quelques gouttes de jus de citron.

Si vous n'avez pas de feuilles de citronnier, remplacez-les par du zeste finement ciselé, que vous mettrez dès le début de la cuisson.

Ce plat original peut se consommer en entrée chaude ou froide, ou servir de garniture à une viande blanche ou un poisson.

FOIE GRAS CRU, CITRON ET HUILE D'OLIVE

Pour 4 personnes
200 g de très beau foie gras
Huile d'olive douce au fruité noir
1 citron fruité et peu acide, non traité
Fleur de sel
Poivre sauvage voatsiperifery

Si vous trouvez un foie gras cru de très belle origine et de très grande fraîcheur (sinon, abstenez-vous), coupez-le en tranches d'un centimètre d'épaisseur, assaisonnez-le d'un filet d'huile d'olive, de quelques gouttes de citron, du vrai, pas du substitut déjà prêt, (attention, j'ai dit quelques gouttes !), de zeste râpé finement, de fleur de sel impérativement et de poivre sauvage voatsiperifery de Madagascar, concassé. Accompagnez de pain de campagne rôti, la surprise est dans l'assiette.

Vous pouvez agrémenter ce foie gras, si c'est la saison, avec une petite salade de fraises pas trop mûres, de petits pois fraîchement écossés et d'oignon doux de Lézignan.

GALETTE DE POMMES DE TERRE

Pour 4 personnes
400 g de petites pommes de terre nouvelles
2 cuillerées à soupe de beurre
1 cuillerée à soupe de cassonade
Poivre sauvage voatsiperifery

Émincez en fines tranches de petites pommes de terre nouvelles, épluchées. Ôtez l'excédent d'amidon en tapotant les rondelles dans un torchon, puis faites-les dorer dans le beurre, à feu modéré, et ajoutez le sucre en poudre jusqu'à caramélisation. Dressez sur une assiette pour confectionner une galette, nappez du caramel restant dans la poêle, assaisonnez d'une tombée de poivre sauvage concassé finement.

Idéalement, servez avec un sorbet d'agrume, citron, lime, pamplemousse, orange ou mandarine.

FRAISES PRESQUE COMME EN ITALIE

Pour 4 personnes
500 g de fraises
Sucre en poudre
Menthe fraîche
Vinaigre balsamique
Huile d'olive au fruité mûr
Poivre sauvage voatsiperifery

Voici un dessert simple, rapide et surprenant, à réaliser avec de belles fraises et exclusivement en saison.

Coupez les fraises en quartiers et déposez-les dans des verres, bols, coupelles ou assiettes creuses. Sucrez légèrement et tournez-les. Vous pouvez ajouter une touche discrète de menthe fraîche. Au moment de servir, bénissez de quelques gouttes d'une très élégante huile d'olive un peu mûre, de quelques gouttes d'un vieux vinaigre balsamique et de poivre sauvage de Madagascar voatsiperifery, en n'oubliant pas qu'il s'agit d'un dessert.

LES FAUX POIVRES

« Vu de loin, le poivre noir devient suave,
à portée de main le sucre devient amer. »

Proverbe du Cachemire

LA CUISINE AU « POIVRE » DE SÉCHUAN

AVEC QUOI L'ASSOCIER ?

Il fait des merveilles avec le canard, le foie gras et le foie de veau. Il donne une note très exotique aux sorbets d'agrumes. Il s'associe parfaitement avec les fruits acceptant le poivre : fraises, melon, abricot, etc.

TARTARE DE MAQUEREAU, DES CERISES COMME UN CONDIMENT

Pour 4 personnes

4 maquereaux d'environ 400 g chacun ou deux beaux spécimens de 800 g
1 demi-citron
Huile d'olive puissante au fruité mûr
Persil plat
Sauce soja
1 petit oignon doux
1 cuillerée à soupe de câpres
Fleur de sel
200 g de cerises griottes ou de baies de cassis
« Poivre » de Séchuan

Tirez les filets des poissons, débitez la chair grossièrement au couteau. Assaisonnez avec l'huile d'olive, le jus de citron, deux traits de sauce soja. Ajoutez du persil plat ciselé, l'oignon très finement coupé, les câpres et de la fleur de sel. Tournez délicatement et servez flanqué de frites de céleri-rave ou de patates douces.

Préparez le condiment de cerises ou cassis, qui accompagnera ce tartare, en faisant sauter les fruits à feu vif dans une poêle huilée à l'huile d'olive, deux minutes. Poudrez-les de baies de Séchuan moulues.

LA CUISINE AU « POIVRE » ROSE

AVEC QUOI L'ASSOCIER ?

Cette épice convient aux sauces à la crème pour des viandes blanches, des volailles ou des rognons et elle est parfaitement à l'aise avec les tartares et les carpaccios, de viandes, de poissons ou de crustacés.

SAUMON MARINÉ ET MELON

Pour 4 personnes

500 g de saumon, de belle origine et sauvage
1 melon pas trop mûr
Sauce de soja
Huile d'olive au fruité vert
Estragon, ciboulette et aneth
1 petit oignon nouveau
1 citron vert
Fleur de sel
1 cuillerée à café de baies roses

❄ Découpez le saumon en fins copeaux que vous aplatirez avec le plat d'un couteau s'ils vous paraissent trop épais. Mettez-les à mariner dans le jus du citron, l'huile d'olive, une sauce de soja de qualité, avec l'oignon finement émincé, les herbes et les baies roses. Mettez au froid pour une bonne heure.

❄ Découpez le melon en très fines tranches et tapissez-en le fond des assiettes. Déposez harmonieusement les lamelles de saumon sur le dessus, assaisonnez de la marinade et éventuellement ajoutez une tombée de fleur de sel. Soyez parcimonieux avec le sel, car la sauce de soja est parfois très salée.

LA CUISINE AU « POIVRE » DE LA JAMAIQUE

AVEC QUOI L'ASSOCIER ?

Le « poivre » de la Jamaïque fait merveille dans les soupes et les ragoûts, les terrines et les marinades, en particulier avec les harengs, et je vous le conseille vivement avec le pot-au-feu et la daube. Il se marie harmonieusement avec les salades de fruits frais : melon, ananas, fraises, figues, etc.

FRUITS CONFITS AU RHUM

Pour 4 personnes
200 g de fruits confits variés
1 citron non traité
25 cl de rhum brun
Chantilly
« Poivre » de la Jamaïque

Faites macérer les fruits confits dans le rhum, au frais pendant quelques heures. Au moment de servir, sortez les fruits confits, déposez-les dans des verres, sans l'alcool de la marinade, garnissez de zestes de citron finement coupés, arrosez du jus de citron, nappez de crème Chantilly et poudrez de « poivre » de la Jamaïque finement moulu.

LA CUISINE AU « POIVRE » DE GUINÉE OU MANIGUETTE

AVEC QUOI L'ASSOCIER ?

Vous pouvez la choisir pour vos potages, vos plats de légumes et avec l'agneau. Pensez à augmenter les doses car cette épice est beaucoup moins puissante que le poivre.

AUBERGINES AU FOUR

Pour 4 personnes
8 petites aubergines
Persil
Huile d'olive
1 petit oignon frais
« Poivre » maniguette

Cette recette simplissime est un vrai bonheur. Coupez de petites aubergines en deux, dans le sens de la longueur, et mettez-les dans un four préchauffé à 240 °C (thermostat 8), posées côté peau, arrosées d'huile d'olive, pour environ une demi-heure. Tournez-les à mi-cuisson. La chair doit être fondante et la peau croustillante.

Au sortir du four, assaisonnez de graines de maniguette fraîchement concassées, de persil ciselé et d'oignon finement haché et dégustez tel quel ou servez en garniture d'une volaille, d'une viande blanche ou d'un poisson gras. Vous pouvez en faire une entrée chaude accompagnée de fromage blanc, de yaourt ou de fromage de chèvre frais, avec ail, oignon, menthe et persil. Quelques pignons de pin ne gâcheront rien.

Si vous les servez froides, ajoutez un trait d'huile d'olive verte et un trait de vinaigre balsamique digne de ce nom.

LA CUISINE AU « POIVRE » DE SELIM

AVEC QUOI L'ASSOCIER ?

Le « poivre » de Selim, avec ses notes de muscade et son piquant, se marie agréablement aux plats d'hiver mijotés, du genre potées et ragoûts. Il apprécie la compagnie des légumes de cette saison, carottes, choux-fleurs, choux verts, céleri-rave, panais, potirons, pomme de terre, etc. mais il peut être utilisé en remplacement du poivre noir ou du poivre long. Il apportera une touche inimitable à une purée de pommes de terre.

CAPPUCCINO DE LÉGUMES RACINES

Pour 4 personnes
2 tubercules de topinambour
1 navet
1 demi-chou rave
4 tiges de salsifis
Un quart de céleri-rave
Une poignée de crosnes
4 cuillerées à soupe de miso blanc ou de crème liquide
1 citron non traité
2 cuillerées à soupe de beurre
Persil, ciboulette
« Poivre » de Selim

Cuisez à la vapeur différentes variétés de légumes racines, débités en petits morceaux : topinambours, navet, chou-rave, salsifis, céleri-rave, crosnes...

Conservez l'eau de cuisson et réduisez-la pour conserver l'équivalent d'un verre à vin par personne. Ajoutez-y une cuillerée à soupe de miso blanc ou de crème liquide par personne, du zeste de citron finement râpé. Laissez dix minutes à feu moyen. Poêlez l'assortiment de légumes deux minutes dans un peu de beurre, répartissez-les dans des bols ou des assiettes creuses, versez dessus le liquide vivement émulsionné au fouet pour obtenir une belle mousse. Distribuez les herbes finement ciselées et râpez du « poivre » de Selim.

Si vous n'avez pas tous les légumes, pas de panique, préparez la recette avec ceux que vous avez trouvés. Vous pouvez enrichir cette recette avec quelques champignons sauvages et des lanières de jambon serrano.

LA CUISINE AU « POIVRE » DE TASMANIE

AVEC QUOI L'ASSOCIER ?

À utiliser avec des poissons comme le loup et le saumon, les Saint-Jacques et avec les viandes blanches. Il peut éventuellement remplacer le poivre noir sur une viande rouge.

LOUP MARINÉ SUR CARPACCIO DE BETTERAVE

Pour 4 personnes

1 loup de 700-800 g ne provenant surtout pas d'un élevage !
2 petites betteraves crues
Huile d'olive très verte
1 demi-citron
1 citron vert
Ciboulette, persil, basilic, menthe, thym frais
1 petit oignon frais
1 demi-gousse d'ail
1 morceau de rhizome de gingembre gros comme une noix
Fleur de sel
« Poivre » de Tasmanie

Tirez les filets du poisson et découpez la chair en fines tranches. Cette opération sera facilitée si vous placez les filets quelques minutes au congélateur et si vous utilisez un couteau digne de ce nom, à lame souple et fine. Écrasez les morceaux avec la paume de la main pour bien les aplatir. Mettez-les dans un plat avec l'huile d'olive, les jus des citrons, les herbes, l'oignon finement haché, l'ail et le gingembre très finement coupés.

Laissez au froid une bonne heure. Ensuite, détaillez les betteraves épluchées en fines rondelles, à l'aide d'une mandoline ou d'une râpe à truffe.

Tapissez le fond des assiettes, déposez harmonieusement les tranches de loup et arrosez le tout de la marinade. Ajoutez un soupçon de fleur de sel et du « poivre » concassé.

LA CUISINE À LA POIVRETTE

AVEC QUOI L'ASSOCIER ?

Elle est utilisée aujourd'hui dans tout le Moyen-Orient sur des pains et des pâtisseries, elle s'entend très bien avec l'aubergine. En Inde, on en saupoudre parfois les naans, ces merveilleux petits pains cuits dans le tandoor. Au Maroc, elle est indispensable pour réaliser le fabuleux pigeon au trid (cuit à la vapeur dans une pâte). Elle se marie avec certaines crudités, et en particulier les radis.

RAVIOLES DE CREVETTES

Pour 4 personnes

24 petites crevettes décortiquées
Huile d'olive
1 citron
1 cuillerée à café de gingembre en poudre
1 cuillerée à café de piment en poudre
1 oignon
2 tiges de citronnelle
6 feuilles de pâte de riz
Un jaune d'œuf
2 cuillerées à soupe de nigelle ou poivrette
Fleur de sel

Faites mariner pendant une bonne heure les crevettes coupées en deux dans le sens de la longueur, dans l'huile d'olive et le jus du citron, avec le gingembre en poudre, le piment, l'oignon très finement coupé et la citronnelle hachée.

Faites cuire les crevettes deux minutes à la vapeur. Déposez-les, une à une – c'est-à-dire deux moitiés – sur les feuilles de pâte de riz préalablement trempées dans un fond d'eau froide, avec un peu de la garniture de la marinade. Repliez la pâte, pour former une raviole et fermez-la en formant un fronçage, à l'aide d'un pinceau et du jaune d'œuf.

Plongez les ravioles dans de l'eau bouillante salée, deux à trois minutes. Servez et parsemez de graines de nigelle. Assaisonnez de fleur de sel et d'un filet de marinade.

Vous pouvez servir ces ravioles dans un bouillon de volaille, additionné d'un peu d'eau de cuisson. Ce bouillon peut être citronné et pimenté selon votre goût.

Cette recette peut très bien se réaliser avec du poulet.

INDEX DES PRINCIPAUX INGRÉDIENTS

CI-CONTRE : « POIVRE » DE SÉCHUAN (CHINE)

BIBLIOGRAPHIE

A Dictionnary of Japanese Food, Richard Hosking, Ed. Prospect Books, 1996.

A Taste of India, Jaffrey Madhur, Ed. Pavilion Books, 1985.

Book of Culture. Agricultural Research, New Delhi.

Délices d'Asie, Maït Foulkes et Jean-Marc del Moral, Éd. Plume, 2000.

Dictionnaire de la langue française, Littré, 1978.

Dictionnaire des épices Gernot Katzer (www.uni-graz.at/~katzer/engl/).

Dictionnaire des herbes et des épices, Colin Clair, Éd. Denoël, 1963.

Dictionnaire encyclopédique, Larousse.

Dictionnaire encyclopédique, Quillet.

Encyclopedia of Asian Food, Charmaine Salomon, Ed. Hamlyn, 1997.

Épices, Aromates et Condiments, Marie-Pierre Arvy et François Gallouin, Éd. Belin, 2003.

Guide des condiments et épices du monde, François Couplan, Éd. Delachaux et Niestlé, 1999.

Histoire naturelle et morale de la nourriture, Maguelonne Toussaint-Samat, Éd. Bordas culture, 1987.

Indian Food, K T Achaya, Ed. Oxford University Press, 1994.

L'Abécédaire des épices, Clotilde Boisvert et Annie Hubert, Éd. Flammarion, 1998.

La Cuisine aphrodisiaque, Maït Foulkes Éd. Piquier, 1998.

La Gazette des jardins (le journal des plantes méditerranéennes et exotiques), n° 17, janvier 1998.

La Gourmandise, Philippe Jost, Éd. Le Pré aux Clercs, 1998.

La Route des épices, collectif, Éd. Bordas, 1987.

La Route des épices, Jean-Christian Spahni et Maximilien Bruggmann, Éd. Silva, 1991.

Le Goût de l'Asie, Maït Foulkes, Éd. Piquier, 2001.

Le Jardin des épices, Maït Foulkes, Éd. Piquier, 1998.

Le Livre des épices, des condiments et des aromates, Louis Lagriffe, Éd. Robert Morel, 1968.

Le Livre des épices, Alain Stella, Éd. Flammarion, 1998.

Les Chasseurs d'épices, Daniel Vaxelaire, Éd. J.-C. Lattès, 1990.

Les Épices. Histoire, description et usages des différentes épices, aromates et condiments, Pierre Delaveau, Éd. Albin Michel, 1987.

Les Plantes à épices, Jacques Maistre, Maisonneuve & Larose, 1964.

Medicinal Plants of India and Pakistan, J.-F. Dastur, D.B. Taraporewala & Co., 1964.

Savoring the Spice Coast of India, Maya Kaimal, Ed. Harper Collins, 2000.

Spices from the Familiar to the Exotic, Manisha Gambhir Harkins, Ed. Ryland Peters and Small, 2002.

Spices Notes, Ian Hemphill, Ed. Macmillan, 2002.

The Indian Pantry, Monisha Bharadwaj, Ed. Kyle Cathie Limited, 1996.

Vatch's South East Asian Cookbook, Bhumichitr Vatcharin Ed. Kyle Cathie Limited, 1996.

CI-CONTRE : « POIVRE » DE GUINÉE
OU MANIGUETTE (AFRIQUE DE L'OUEST)

REMERCIEMENTS DE L'AUTEUR

Cet ouvrage est dédié à tous les amoureux du poivre, et tout spécialement à Lucien Henry, dit Lulu, qui m'a fait comprendre que le poivre est essentiel en cuisine, lui qui n'hésitait pas, en période de pénurie, à récupérer un grain ou deux dans un vieux morceau de saucisson pour parfumer un modeste plat qu'il venait d'improviser avec les restes glanés dans son placard et son réfrigérateur.

Ma compagne Karine, pour ses relectures, ses remarques pertinentes et sa recette.

Olivier Baussan qui m'a fait comprendre qu'aujourd'hui il faut se spécialiser pour exister et qui, par amitié, s'est mis à consommer un produit auquel il était jusque-là réfractaire, le poivre !

Tous les gens de mon entourage, qui se sont passionnés pour ce sujet et m'ont encouragé pour continuer mes recherches et écrire cet ouvrage.

Pierre Amado, professeur à l'École pratique des hautes études, directeur de recherches au CNRS, pour son travail de recherche sur l'étymologie.

Richard Liogier, qui m'a offert son « nez » exceptionnel, sa confiance et ses encouragements.

Françoise Lefébure, Sylvie Tonnaire, Marc Medevielle, Julien Fouin, Jean-Pierre Gabriel et Jörg Zipprick, les premiers à avoir ouvert en grand les pages de leurs magazines de qualité, en prenant le risque de parler de ma folie.

Et tous ceux, journalistes de presse, radio ou télévision, qui par la suite ont parlé de ma passion.

Sabine Paccini, de Pallas production, qui m'a suivie au Vietnam et au Cambodge et a osé me laisser parler des dérives mercantiles, des excès, des arnaques et du manque général de qualité du monde du poivre, dans l'émission *Zone interdite*.

Arnauld Miguet de France 2, qui m'a suivi en Inde pour montrer de belles images à la télévision à des heures de grande écoute.

Josée Di Stasio, qui n'a pas hésité à franchir l'océan Atlantique avec son équipe et ses caméras, pour réaliser un très beau film consacré à ma passion et à la cuisine des épices pour Télé-Québec.

Et un grand merci à un vrai « fou de poivre », ami de longue date, Vincent Ferniot, qui a soutenu ma cause avant même de me connaître et a accepté spontanément d'écrire la préface de ce livre.

Patrick Lions et Valérie Roubaud, créateurs de Terre d'Oc, qui ont été de précieux conseil pour mon entreprise.

Ingrid Astier et Bruno Verjus qui ne manquent pas une occasion de parler élogieusement de mes grains.

Tous ceux qui m'ont facilité la tâche sur le terrain, grâce à leur connaissance du produit et à leurs relations et qui m'ont ouvert des portes parfois très fermées :

K. P. Mayan, organisateur de la Pepper Fest de Calicut.

Ir. Syuhairi, secrétaire général de l'Aipe (Association of Indonesian Pepper Exporters) à Jakarta.

Le Spice board de Cochin, qui m'a gentiment ouvert les portes de sa bibliothèque.

Le Pepper marketing board de Malaisie, pour sa documentation.

Les chefs de cuisine passionnés d'épices et tous les cuisiniers amateurs, qui m'ont spontanément fait confiance et mis tout leur talent et leur imagination au service de ces petits grains.

Et je voudrais tout particulièrement remercier ceux et celles qui travaillent durement dans les plantations, tous les petits producteurs qui consacrent leur temps et leur énergie, pour nous donner ce merveilleux bonheur dans nos assiettes et qui n'ont la plupart du temps, pas de quoi vivre décemment.

John Bentham remercie Maud Eden et Sally Hamer pour leur aide précieuse dans la réalisation des prises de vues.

L'éditeur remercie Florence Nguyen pour sa relecture attentive.

CI-CONTRE : ASSORTIMENT DE POIVRES ET FAUX-POIVRES

Table des photographies de poivres et faux-poivres :

Du même auteur, chez le même éditeur :

La Bonne Cuisine, bon marché, bonne pour la santé (2009)

CONTACTS

Pour acheter les meilleurs poivres du monde :
www.lecomptoirdespoivres.com

Liste des points de vente sur demande à :
info@lecomptoirdespoivres.com

Vous retrouverez mon actualité sur :
http://gerardvives.over-blog.com
et sur www.gerardvives.com

Pour me contacter :
gv@lecomptoirdepoivres.com

Parc Saint-Joseph – BP 3522 – 12035 Rodez Cedex 9
Tél. : 05 65 77 73 70 – Fax : 05 65 77 73 71
www.lerouergue.com

Crédits photographiques :
Les photos de ce livre sont de John Bentham
à l'exception des pages 17 à 26, 32, 42 à 65 : © Gérard Vives
et 28, 39 : © Camille Moirenc.

Création graphique : Philippe Magnon
Fabrication : Karima Chabaud
Photogravure : Delta Color (Nîmes)

Achevé d'imprimer en juillet 2010
sur les presses de l'imprimerie EBS à Vérone
ISBN : 978-2-8126-0148-4
Dépôt légal : octobre 2010
Imprimé en Italie